경영전략 개념과 실행방법

편 창 규

효산경영연구소(주)

머 리 말

 경영전략은 불투명한 미래 산업환경을 논리적인 예측과 창조적인 추론으로 현재 사업기반과 경영자원의 상황론을 미래사업 모델에 융화시켜 기업 지속성장성의 전략 프로세스를 구축한다. 초격차 기술과 제품, 서비스 모델을 창조하여 소비자 본성 충족과 동기요인을 활성화시키는 마케팅촉진 역할로 기업의 미래 성장성을 추구해 가고 있다. 옛날부터 소비자 마음은 마하의 속도로 변화된다고 하였으나 최근에는 산업성장 패러다임도 그러하며, 미래 산업에서는 인공지능 등에 의해 광속도로 변화될 흐름이 견지되고 있다.

 이러한 시대적 상황의 흐름에서 경영전략의 실행방안은 논리적인 이론모델보다 경영전략 과제와 목표성과 요인들의 상황론적 작용력을 예측하고 추론하여 초격차 기술과 제품, 서비스 모델을 개발하는 전략체계의 구축이 필요하다. 과거의 이론모델에 의존하는 형태적인 전략의 틀 보다는 미래의 불확실 환경에서 초격차 패러다임의 사업모델을 개발하는 상황론적인 접근법으로 본서를 저술하였다. 당면한 위기국면 전환과 미래가치 지향성에 의한 상황론적 접근으로 전략과제와 목표성과를 융화시킨 경영전략 개념의 확립과 실행방법의 내용을 저술하였다.

 본서는 전문성을 강조하고 있다. 경영전략 과제와 목표성과 실행력과 활용성, 응용력에 초점을 두고, 간결하고 명료한 실체적 표현방법과 기승전결의 논법으로 저술하였다. 본서의 1부에는 경영전략 개념 이해와 경영전략 패러다임 내용이 중점적으로 구성되었고, 2부는 경영전략 실행방법인 상황론적 융화를 지향하는 전

략과제와 목표성과 관리 프로세스가 구성되었다. 이에 따른 본서의 관점과 학습방향은 다음과 같다

첫째, 각 목차의 본문에는 관점의 주제별로 상황론적 접근과 논리적 융화에 목표를 두고 전략실행과 상황판단, 전략 프로세스와 역할의 범주, 미래가치 지향성이 구성되어 있다.

둘째, 각 목차단원의 본문 후반부에 본문내용을 함축시켜 구성한 '학습과제 요약정리 & 학습관점' 내용이 있다. 각 목차별 표내용의 학습과 목차의 장별 표내용을 전략 프로세스에 연계시킨 시스템적 학습으로 전략실행력과 패러다임 운영능력을 향상시킨다. 이를 통해 경영전략 전문성과 창의적 추론 및 예측능력 향상으로 경영전략 컨설턴트로 성장할 수 있는 기초기반을 확립한다. 기업 리더자 계층도 이러한 학습방법으로 미래 지속성장성을 관리하는 경영전략 전문가로 성장할 수 있다.

2023년 4월 27일

저자 편 창 규

목 차

제Ⅰ부 경영전략 개념 이해

제1장. 경영전략의 틀 ·· 11
1. 경영전략 과제 ·· 15
2. 경영전략 위계와 역할 ······································ 19
3. 경영전략 메커니즘 ·· 24

제2장. 경영전략 결정요소 ···································· 29
1. 기술적 환경요인 ·· 31
2. 산업과 사업 매력도 ··· 36
3. 경쟁기업 분석 ·· 42
4. 기업 경영자원 ·· 44
5. 핵심역량 모델 ·· 50
6. 경영전략 체계 ·· 53

제3장. 경영전략 결정원칙 ···································· 59
1. 경영전략 검토 ·· 64
2. 경영전략 구성 ·· 67
3. 경영전략 가치모델 ·· 72
4. 포트폴리오 전략모델 ·· 76
5. 경영전략 방향 ·· 79

제4장. 경영전략 구성 ·· 87
1. 전략계획 단위 ·· 89
2. 전략계획 연동성 ·· 95

3. 전략계획 유의성 ··· 97

제Ⅱ부 경영전략 실행방법

제1장. 경영전략 환경 ··· 103
1. 산업환경 영향요인 ··· 104
2. 산업과 제품 성장주기 ··· 109
3. 소비자 반응행동 ··· 115

제2장. 경영전략 과제 ··· 119
1. 미래 환경예측 ··· 123
2. 기업성장 모델링 ··· 127
3. 사업구조 변화관리 ··· 130
4. 경영자원 리모델링 ··· 134

제3장. 경영전략 구조 ··· 137
1. 경영전략과 목표과제 ··· 140
2. 전사전략과 부문계획 ··· 142
3. 경영방침과 경영계획 ··· 147
4. 중·장기 전략과 단기계획 ·· 152

제4장. 경영전략 포지션 ··· 159
1. 전사적 목표관리 ··· 161
2. 목표과제 비즈니스 맵 ··· 164
3. 경영계획 체계화 ··· 167
4. 경영계획 수립방향 ··· 171

제5장. 경영자원 평가 ·················· 177
　　1. 성장잠재력 평가 ················ 181
　　2. 사업경쟁력 평가 ················ 184
　　3. 재무자산 가치평가 ·············· 187
　　4. 인적자원 평가 ·················· 190
　　5. 경영능력 평가 ·················· 195

제6장. 경영전략 계획 ·················· 199
　　1. 목표계획 명료화 ················ 202
　　2. 사업환경 요인관리 ·············· 205
　　3. 사업성장과 제약요인 관리 ········ 210
　　4. 사업 지속성장성 관리 ············ 214

제7장. 경영전략 실행 ·················· 223
　　1. 전략실행 역할 ·················· 225
　　2. 전략계획 평가 ·················· 229
　　3. 전략성과 평가 ·················· 234

본문 찾아보기 ························ 245
표 찾아보기 ·························· 250

제1부
경영전략 개념 이해

제1장. 경영전략의 틀
제2장. 경영전략 결정요소
제3장. 경영전략 결정원칙
제4장. 포트폴리오 전략모델

제 1 장
경영전략의 틀

경영전략 틀이란 경영전략을 추진하는데 관여되는 경영활동 요소들의 연결고리이다. 경영전략과 경영목표, 경영계획은 수직적인 업무시스템 체계로 연결되며, 경영방침과 전략 로드맵은 경영목표와 경영계획에 수평적 네트워크로 연결되어 경영전략 틀이 구성된다. 경영전략 구성요소의 위계와 특징은 다음과 같다.

① 경영전략은 기업의 최상위 위계의 경영활동으로 미래 지향성을 추구하는 전략과제와 실현하고자 하는 목표성과가 전사적 관점의 지향성으로 구성된다. 전사적 전략과제는 신사업 개발과 사업구조 조정, 사업성장성과 경쟁력 향상, 사업분야 통합과 폐지, 경영위기 관리방법 등의 지향성이다

② 경영목표는 상위 위계의 경영활동이며 전략과제의 추진방향과 목표성과의 실행방법이 사업부문별로 구성된다. 경영목표의 사업부문별 성과과제는 신기술과 신제품 개발, 제품생산성 향상과 매출액 증가, 제품경쟁력과 시장점유율 향상, 영업이익 향상 등으로 구성되며, 전사적 전략과제의 목표성과 달성을 지원한다.

③ 경영방침은 중간위계의 경영활동이며 경영목표의 방향성과 합리적인 실행방법을 제시한다. 전략과제 설정단계와 경영계획 실행시기의 시간적 편차에서 발생되는 목표지향성의 차이를 최소화시키기 위해 전략추진 방향과 전략실행 방법을 조정하여 경영방침에 구성한다. 제품경쟁력 향상을 위한 기술과 제품개발의 방향성, 매출액 향상을 위한 잠재시장 개발과 유통기관 관리 우선순위 등이 경영방침 내용으로 설정되어 경영목표 추진을 지원한다.

④ 전략 로드맵은 중하위 위계의 경영활동이며 경영목표 실행시기를 시계열별로 분류하여 경영계획 실행시기의 선택을 지원한다. 전략과제와 목표성과 관리 우선순위와 실행시기를 체계화하여 성과관리 일관성과 경영자원 운영효율성을 향상시킨다.

⑤ 경영계획은 하위 위계의 경영활동이며 사업부문별 목표성과 실행내용이 구성된다. 단위조직별로 실행과제와 성과내용의 배분, 성과관리 시기별로 업무역할과 업무협력 내용을 구성하여 전략과제 추진력과 목표성과 달성률을 향상시킨다. 경영전략에서 사업지속성장성 과제가 설정되고 경영목표에서 사업추진 방법과 성과관리 역할이 설정된 후, 이를 실행하는 목표관리 내용과 성과달성 수준이 경영계획으로 구성된다. 경영전략 틀에 구성되는 내용의 설정은 다음 과정을 거친다.

첫째, 경영전략 과제 도출

경영전략 과제는 미래 산업환경 변화예측과 특수한 상황을 분석하여 미래성장 사업과 신사업 모델 설정, 사업구조와 규모, 경영자원과 사업역량 관리방향을 설정한다. 전략과제 도출을 위해 다음과제를 분석한다.

① 미래사업 성장성과 소비자 소구력, 사업성장 잠재력과 소비시장 규모, 사업성장 목표와 경영자원 영향요인 검토
② 산업 패러다임 변화와 사업운영 프로세스, 경영전략 지향성과 기술·인력·자산 영향력, 기업문화 가치지향성과 인적자원 역량수준 분석
③ 경영전략 과제도출 리더십 역량과 의사결정 방법, 기업이미지와 이해관계자의 커뮤니케이션 수준을 점검한다.

둘째, 경영목표 성과수준

경영목표 성과는 전략과제 지향성과 목표추진 방법, 경영방침 내용과 목표과제 연계성, 전략 로드맵의 계열분류와 시계열 시스템 체계, 경영계획 실행방법에 의해 설정된다. 목표성과 수준설정을 위해 다음과제를 분석한다.

① 사업환경 변화와 목표성과 영향요인, 목표성과 추진방법과 성과수준 예측, 전략과제 조정과 목표성과 관계성 검토
② 경영방침 이슈와 목표성과 실행방법, 사업부문별 목표과제와 성과관리 프로세스
③ 목표관리 전략 로드맵과 경영자원 배분 패러다임, 경영계획 실행과제와 성과관리 방법
④ 경영목표 성과관리 프로세스와 경영계획 실행 시스템을 분석하여 목표성과 수준을 설정한다.

셋째, 경영계획 내용설정

경영계획 내용은 사업부문별 사업내용과 성과목표의 비교 검토, 사업성과 예측과 파생결과의 추론, 성과관리 우선순위와 기대가치 크기, 성과내용 활용성에 기초하여 실행역할과 시기를 결정한다. 경영계획 수립 검토과제는 다음과 같다.

① 사업부문별 경영계획 주요 이슈와 목표성과 수준분류, 경영계획 실행 문제점과 잠재된 위기요인 탐색
② 경영계획 내용의 성과관리 체계와 실행방법, 경영자원과 사업역량 충족성 및 적정성 수준
③ 사업환경 변화 상황과 경영계획 및 목표성과 내용조정 요건
④ 사업부문별 경영계획 실행방법과 실행역량 분석을 통해 실행 계획을 확립한다.

핵심과제 요점정리 & 학습관점 도출

경영전략의 틀

전략체계	지향성과 연계성
경영 전략	• 미래사업 모델과 경영활동 방향, 전략의 총체적 구조 • 기업 지속성장성, 신사업 개발과 구조조정, 시장경쟁력 • 산업 패러다임, 경영자원, 기업문화, 변화와 혁신 리더십
경영 목표	• 경영활동 방향과 중·장기 목표과제, 성과관리 방법 도출 • 목표과제 구체성과 실행력, 성과과제 예측과 연계성 • 경영전략 모델, 목표·성과 상황관계, 경영계획 방향성
경영 방침	• 목표실현 방향과 성과과제 관리방법, 전략추진 상황 • 경영목표와 사업실행 방법, 사업 우선순위와 역할패턴 • 목표과제와 특성과 실행방법, 목표성과 활용과 영향력
전략 로드맵	• 경영전략과 경영목표과제 연계성, 경영계획 시너지 • 목표과제 우선순위와 경영자원 영향요인, 시계열 효과 • 목표관리 프로세스, 성과관리 시스템, 계획실행 방법
경영 계획	• 사업부문 계획과 성과내용, 성과예측과 활용성 추론 • 성과관리 체계와 기대가치, 계획내용 이슈와 대응방안 • 사업성과 예측과 파생결과 추론, 조직기능과 업무역량

1. 경영전략 과제

경영전략 과제는 경영목표 방향을 제시하는 내용으로 전사적 과제와 사업부문별 과제가 있다. 전사적 과제는 기업의 미래성장 방향과 사업구조의 특징을 결정하는 내용으로 사업분야와 사업규모, 사업방법의 결정요소로 구성된다. 사업부문별 과제는 관리사업 부문의 경영자원과 사업역량 관리, 생산사업 부문의 기술개발과 생산공정 프로세스 구축, 영업사업 부문의 마케팅촉진 활동과 제품판매 관리 등으로 구성된다. 경영전략 과제는 경영목표 성과와 경영계획 내용이 동일한 시스템 체계로 형성되어 성과관리가 추진된다. 전략과제 선정을 위해서는 다음과 같은 내용의 분석이 필요하다.

① 전략과제와 목표성과 일관성과 성과실행 방향의 통일성
② 전략과제의 전사적 목표와 사업부문별 성과단위, 전략과제 추진단계별 경영자원 배분과 목표성과 내용의 구체화
③ 전략과제와 목표성과의 우선순위, 경영목표와 경영계획 실행 방법 연계성
④ 전략과제와 목표성과 달성 영향요인 분석, 기회와 위협요인, 강점과 약점요인의 대응방안 탐색
⑤ 사업부문별 전략 로드맵 체계와 성과관리 프로세스의 역할 배분과 조정
⑥ 전략과제 실행모듈과 방법 체계화, 목표성과 추진력과 목표 달성도, 사업부문별 성과관리 우선순위와 협력방안 설정

경영전략 과제는 목표지향성의 차원에 따라 핵심가치가 형성되고, 목표성과는 실행방법의 난이도에 따라 업무역량 수준이 구분되므로 특정 사업부문에 사업역량 집중화와 경영자원 배분의 쏠림현상이 유발되지 않도록 한다. 사업부문별 전략과제의 핵심가치와 목표성과 관리방법의 업무역량 수준 균형성 관리를 위해서는 다음과 같은 전략실행 방향을 설정한다.

첫째, 경영전략 과제결합

경영전략 과제결합은 기존의 경영전략 과제와 시스템 및 새로운 변화를 추구하는 경영전략 과제를 결합시킨다. 현재 사업환경과 미래사업 지향성 과제를 결합시켜 변화와 혁신성 추진 및 새로운 변화에 대한 저항감을 반감시켜 미래사업 지속성장성을 추진한다. 신사업 모델 개발과 사업성장성 관리, 미래 조직개발과 인적자원 육성, 시장경쟁력 향상과 영업이익 달성을 추구하는 전략과제를 설정한다.

둘째, 경영목표 성과결합

경영목표 성과결합은 신사업 개발과 기술연구, 사업 확장과 사업계열화, 생산능력과 공정시스템, 소비계층과 잠재시장 관리방법 등을 전문화시켜 사업부문별 목표성과를 결합시킨다. 사업부문별 경영목표 성과결합으로 성과관리 방법과 방향성의 일관성 유지를 통해 시너지 효과 창출과 경영자원 운영효율성을 향상시킨다.

셋째, 경영계획 실행방법 결합

경영계획 실행방법 결합은 제품개발과 시장성장성 관리, 유통기관 개발과 매출 성과관리, 시장성장성과 시장점유율 관리방법을 결합시켜 경영계획 실행과 경영자원 운영효율성을 향상시킨다. 경영계획 실행방법 결합으로 일관된 성과관리 체계 구축과 시계열별 전략 로드맵 기반의 전략 추진력 및 성과달성률을 향상시킨다.

핵심과제 요점정리 & 학습관점 도출

경영전략 과제

구분	전략과제
형태적 전략	• 사업업종, 사업분야, 사업구조와 규모, 사업계열 분류 • 신사업 개발과 투자, 사업구조와 분야 조정, 인수합병
기능적 전략	• 사업다각화와 전문화, 사업성장과 경쟁력, 지속성장성 • 경영혁신, 제품생산성과 원가, 매출액과 영업 이익률
방법적 전략	• 변화와 혁신, 문제와 개선, 모델과 시스템, 역할체계화 • 연구와 개발, 통제·조정, 표준화와 균형성, 가치와 수준
성과적 전략	• 기술과 제품, 성장과 경쟁력, 매출과 이익률, 원가생산성 • 시장점유, 고객만족, 제품인지도, 기업이미지, 사회책임

전략과제 결합

대상	전략과제 결합효용성
경영전략 프로세스	• 미래 산업 저항감소, 신사업 적응성, 미래가치 실현성 • 미래조직과 인적자원 모델링, 사업성장과 경쟁력 촉진
경영목표 과제	• 전략 포지셔닝 다양성, 성과관리 시너지, 목표성과 가치 • 사업개발과 계열화, 소비계층과 잠재시장, 전략 포지셔닝
경영성과 과제	• 성과관리 체계화, 시계열 로드맵, 일관된 성과관리 체계 • 기술개발과 제품개발, 생산과 제품가치, 유통과 고객만족
전략결합 목적	• 경영전략 균형관리, 전략 추진력 향상, 전략시너지 효과 • 사업부문 결합, 전략 위계별 결합, 역량차원 균형성 결합 • 경영자원 효율화, 사업부문간 갈등해소, 미래창조성 관리

2. 경영전략 위계와 역할

경영전략 위계는 의사결정 수준과 전략과제의 성과범위에 따라 구분되는데 기업전략, 사업전략, 기능별 전략으로 분류된다.

첫째, 기업전략 관리
기업전략은 최상위 위계로 분류되어 경영목표와 연계된다. 신사업 개발, 사업구조 조정, 사업의 확장과 통합, 저성장 사업 또는 사양사업의 폐쇄 등의 전략과제가 로드맵 체계에 따라 중·장기 전략을 수립한다. 경영이념의 틀 속에서 기업 비전 실현을 추구하는 경영전략에 의해 사업전략과 기능별 전략으로 분화되어 경영계획에 의해 목표성과가 실현된다.

둘째, 사업전략 추진
사업전략은 중·상위 위계의 전략으로 전략모델에 의해 사업부문별로 세분화된다. 최상위 위계인 기업전략을 총체적으로 지원할 뿐만 아니라 사업부문별 목표과제 수행과 성과달성을 추진한다. 경영목표와 경영계획 과제와 성과관리 방법을 시스템별로 연계시켜 성과관리의 일관성을 유지시켜 전략추진력을 향상시킨다. 관리사업 부문의 합리적 경영자원 배분과 기회 및 위협요인에 대한 대응력 관리, 생산사업 부문의 기술개발과 제품생산성 향상, 영업사업 부문의 시장경쟁력과 사업성장성 추진방법을 구체화 시킨다.

① 관리사업 부문의 전략과제는 사업운영 프로세스 체계화와 표준화, 경영자원과 사업역량 전문화를 추진한다. 사업모델 설계와 사업 구조조정 과제는 경영기획과 경영혁신 조직이 수행하고

경영자원 조달과 사업역량 개발은 경영관리와 인사관리, 재무관리 조직이 관리한다.

② 생산사업 부문의 전략과제는 생산기술과 제품특성 창조성 관리, 신공정 프로세스 구축과 생산 시스템 전문화를 추진한다. 제품개발과 생산공정 설계, 생산기술 개발은 생산기획과 기술연구 조직이 수행하고, 생산공정 프로세스 구축과 제품생산은 생산관리와 공정관리 조직이 관리한다.

③ 영업사업 부문의 전략과제는 시장성장과 경쟁력 관리, 판매활동과 이익창출, 고객관계와 협력관리, 이미지와 선호도 관리, 판매역할 다양성과 차별화 관리, 소비계층 세분화와 마케팅촉진 활동 전문화를 추진한다. 시장개발과 제품이미지는 마케팅전략과 시장개발 조직이 수행하고 유통기관과 영업이익 관리는 유통관리와 영업관리 조직이 관리한다.

셋째, 기능별 전략 실행

기능별 전략은 중·하위 전략으로 중·상위 전략인 사업전략을 지원하는 업무방법과 업무역할, 경영자원과 업무역량 등의 운영기반 조성과 역할의 패턴을 체계화시켜 사업실행력과 성과향상을 추진한다. 사업부문별 실행과제는 다음과 같다.

① 관리사업 부문의 실행과제는 조직관리 기반과 인적자원 모델링, 직무급 연봉과 성과 및 평가관리 프로세스 구축, 목표인재 교육훈련과 경력개발, 운영자금 안정성과 회전율 관리, 창조적 기업문화 개발 등이며 전사적 사업운영 기반구축과 생산 및 영업사

업 부문의 사업운영 프로세스 활성화를 지원한다.

② 생산사업 부문의 실행과제는 원천기술 연구와 선도기술 개발, 신제품 사양설계와 제품개발, 설비자동화와 작업공정 표준화, 설비능력과 생산수율 관리, 제품작업 공수와 공정 리드타임 관리, 생산계획과 공정스케줄 관리, 설비가동률과 생산품질 등을 관리하여 제품생산성 향상과 영업사업 부문의 매출액 향상을 지원한다.

③ 영업사업 부문의 실행과제는 소비시장 요구도 조사와 제품개발 모델링, 신시장 개발과 시장경쟁력 관리, 시장세분화와 제품판매가격 차별화, 마케팅촉진 활동과 유통경로 관리, 고객만족도와 서비스 관리, 제품이미지와 시장점유율 관리를 통해 매출액과 영업이익 향상을 추진한다.

넷째, 전략운영 영향요인

기업전략과 사업전략, 기능별 전략의 실행력은 사업업종과 경영자원, 기업문화가 영향요인으로 작용되어 전략추진의 시너지 효과를 유발시키거나 전략실행을 둔화시킨다. 다음의 영향요인 관리를 통해 합리적인 전략실행 방향을 설정한다.

① 사업업종과 사업분야는 거시적 환경요인이며 경제성장성 패러다임과 사업성장 주기, 국가 산업정책과 동일 사업분야 기업밀집도 등이 경영전략 과제와 목표성과 설정에 영향을 미친다.

② 경영자원은 미시적 영향요인이며 적정성을 관리하여 기술연구와 제품개발, 제품특성과 품질, 생산능력과 시장점유율 등의 성

과관리 역할을 지원하거나 시장경쟁력을 견인한다. 경영자원의 충족성 수준에 따라 전략실행력의 편차가 발생되므로 경영자원에 기반을 둔 전략과제 선정과 목표성과 수준관리가 필요하다. 경영자원을 고려하지 않는 맹목적인 성장전략 추진은 경영자원의 불균형을 초래하여 전략목표 성과달성이 불가능할 뿐만 아니라 경영위기에 당면할 수 있음을 인지해야 한다.

③ 기업문화는 조직원의 직업의식과 조직귀속성, 업무지향성과 업무행동, 기업이미지의 개념이다. 기업문화 가치차원에 따라 조직 협력성과 성과추진력, 업무동기와 몰입행동, 목표의식과 업무책임감을 향상시키거나 저하시키는 영향요인이므로 기업문화 가치수준의 고도화가 필요하다. 전략운영은 중·장기 전략 로드맵에 따라 일관적이고 지속적으로 추진되므로 실행동기 활성화와 몰입행동이 중요하다. 전략운영 의지가 약화되거나 상실될 경우 전략성과 달성이 불가능하므로 혁신적인 기업문화 가치를 발현시켜 전략과제 추진력과 목표성과 향상을 실현시킨다. 창조적 기업문화 가치 개발로 수직적인 리더십 체계 확립과 수평적 의사결정 시스템을 구축하여 전략추진 역량을 결집시킨다.

핵심과제 요점정리 & 학습관점 도출

경영전략 위계

전략	위계	전략과제
기업 전략	최상위	• 기업이념 틀과 비전, 경영목표 과제, 전략 로드맵 • 사업개발과 구조조정, 확장과 통합, 신사업 모델링
사업 전략	중상위	• 전략방향, 경영계획, 성과단위, 업무프로세스 • 사업기반 표준화와 운영 체계화, 경영자원 전문화 • 생산 창조성 프로세스 구축, 생산성과 전문화 • 이미지 선호도, 전략 다양성, 역할과 대상 차별화
기능 전략	중하위	• 업무방법과 역할, 업무역량과 경영자원 최적화 • 조직과 인적자원, 운영자금 안정, 창조성 조직문화 • 기술 선도력, 제품사양과 생산원가, 생산성과 수율 • 시장요구와 경쟁력, 촉진방법과 유통기능, 고객관계

경영전략 영향요인

영향요인	영향환경
사업업종	• 산업성장 패러다임, 산업정책과 기업밀도, 라이프 사이클 • 경영환경과 경영능력, 전략방향과 목표과제, 시장 분포도
경영자원	• 사업기반과 성장성, 경영여건과 전략추진, 경영자원 기반 • 시장 선도력과 혁신성, 업무역량과 경쟁력, 제품이미지
기업문화	• 기업이미지 표상, 조직원 인지체계, 직업의식과 책임감 • 업무동기와 몰입력, 의사결정 시스템, 직무역량 결집력

3. 경영전략 메커니즘

경영전략 메커니즘은 전략과제와 목표성과 내용들이 전략실행 과정에서 상호 결합 및 융화작용으로 전략실행력을 향상시키는 방법이다. 전략과제와 목표성과 내용의 결합 형태에 따라 내용적 메커니즘과 시간적 메커니즘이 형성된다. 전략과제와 목표성과의 영향요인에 의해서는 인과적 메커니즘과 경로 의존적 메커니즘이 형성되고, 전략실행 역할의 측면에서 관성적 메커니즘이 형성된다. 전략추진 방법과 실행역할의 결합상태와 상호작용에 의해서는 경쟁전략 메커니즘, 다각화전략 메커니즘, 사업화전략 메커니즘이 형성된다. 각각의 메커니즘은 전략실행력과 목표 성취도를 증감시키는 요인으로 중요한 관리 및 통제·조정요소이다. 전략추진 과정에서 파생되는 메커니즘을 통제·조정하여 전략과제 추진력과 목표성과 달성 시너지 효과를 향상시키기 위해서는 다음과 같은 역할이 필요하다.

① 내용적 메커니즘

내용적 메커니즘은 전략과제와 목표성과의 결합 형태에서 파생된다. 경영전략 과제와 경영목표 성과과제, 경영계획의 성과관리 내용을 통일시켜 전략과제 추진의 일관성 유지와 수직적 의사결정체계를 확립하여 목표성과 실행력을 향상시킨다. 경영전략 추진 요소들의 균형성과 목표성과를 결합시켜 전사적 전략모델 구축과 사업부문별 성과관리 시스템 체계를 확립한다.

② 시간적 메커니즘

시간적 메커니즘은 전략과제 추진과 목표성과 관리의 시간적 편차에 의해 나타난다. 전략계획 수립단계와 실행시기의 편차, 전사적 전략과제 추진과 사업부문별 목표성과 관리시기 차이에 의해 전략과제가 분산되거나 사업부문별 목표과제를 중복적으로 수행하는 경우가 발생된다. 이를 보완하기 위해 전략실행 방법과 실행시기를 계열별로 분류하여 전략 로드맵에 구성하고 전략추진 방법과 역할의 일관성을 유지시켜 전략실행력을 향상시킨다.

③ 인과적 메커니즘

인과적 메커니즘은 전략실행 과정에서 거시적 환경의 순응성과 미시적 영향요인의 대응력 관리를 추구하면서 계열별로 구성된 전략 로드맵의 실행과제를 세분화하여 원인과 결과 중심의 인과적 관점으로 전략을 추진하는 현상이다. 네트워크 또는 시스템적으로 연결된 전략과제와 목표성과가 독립적인 과제로 분리될 경우, 경영자원의 소요가 증가되고, 전략 추진력을 반감시키는 현상이 유발된다. 이러한 폐단을 보완하기 위해 경영방침에서 다차원적인 전략체계로 재설정하여 계열별 과제로 전략이 추진되도록 한다.

④ 경로 의존적 메커니즘

경로 의존적 메커니즘은 전략과제와 목표성과 내용의 실행을 전략 로드맵과 경영자원에 의존시키거나 사업역량과 연계시켜 전략을 추진한다. 전략실행 경로와 추진방향, 전략 실행시기가 비슷할 경우에는 동일한 전략추진 프로세스와 시스템 체계, 동질적인 경영자원과 사업역량 관리로 시너지 효과를 증대시킬 수 있다. 따라서 전사적·사업부문별 전략과제와 목표성과를 상호 의존적인 체계로 구성하여 전략추진 동력을 향상시킨다.

⑤ 관성적 메커니즘

관성적 메커니즘은 인과적 또는 경로 의존적 메커니즘에 의해 추진되는 전략과제와 목표성과가 경영자원과 사업역량에 의존하는 현상이 관성적으로 나타난다. 전략과제의 핵심가치 수준과 목표성과 달성 우순순위에 따라 전략실행 프로세스를 확립하여 전략실행력을 향상시키면서 관성현상을 와해시켜야 한다. 관성의 현상을 최소화하기 위해서는 전략과제와 내용 목표성과 설정단계에서부터 핵심역량가치 중심의 전략방향과 목표를 설정하는 것이 중요하다.

⑥ 경쟁전략 메커니즘

경쟁전략 메커니즘은 전략과제 실행과정에서 목표성과를 사업모델과 사업역량 등의 본원적인 경쟁력과 동종 사업분야 기업과의 경쟁력 차이에 따라 전략과제와 목표성과를 설정한다. 단점요인의 문제점 개선과 사업운영 효율성 향상, 생산기술과 제품특성의 전문화와 사업모델 혁신성 관리로 사업경쟁력을 향상한다.

⑦ 다각화전략 메커니즘

다각화전략 메커니즘은 산업환경 변화에 의한 대응력과 미래사업 성장모델의 다양성을 추구하는 방법이다. 전략과제와 목표성과 방향성을 다각화시켜 사업역량과 경영자원의 수준에 따라 사업확장과 축소, 사업 이전과 통합 등의 변화관리를 추진하여 사업성장성을 추구한다.

⑧ 사업화전략 메커니즘

사업화전략 메커니즘은 미래 사업성장 패러다임과 시장 성장잠재력, 신사업 모델과 제품 성장주기, 생산기술과 생산능력 등을 동일한 전략과제와 목표성과 관리시스템으로 구성하여 전략추진력을 향상시킨다. 미래 산업환경 예측과 산업정책 분석, 사업 성장잠재력과 경쟁력 분석을 통해 신사업분야와 사업규모, 사업시기와 사업방법 등을 동일한 전략추진 프로세스로 구축하여 시너지를 증대시킨다.

핵심과제 요점정리 & 학습관점 도출

전략실행 메커니즘

구분	영향요인	작용력
내용적	• 전략과제와 목표 • 사업환경과 경영자원	• 영향요소 결합력과 작용력 향상 • 전략모델과 성과관리 프로세스
시간적	• 목표관리 시간편차 • 전략실행 시간한계	• 전략로드맵 체계의 정태적 조건 • 동태적 내·외적 영향요인 통제
인과적	• 전략의 독립적 특성 • 전략과제와 성과작용	• 전략방침과 목표성과의 작용력 • 전략네트워크와 시스템 연계성
경로 의존적	• 경영자원과 연계성 • 전략과제 실행경로	• 전략과제 실행경로와 추진방향 • 의존적 실행방법과 프로세스
관성적	• 사업예산 조정 관성 • 전략추진의 방향이탈	• 사업예산 부족과 전략과제 조정 • 전략추진 경로변화와 과제조정
경쟁 전략	• 기업 본원적 경쟁력 • 동종사와 경쟁차별화	• 사업기반 효율화와 문제점 개선 • 제품특성화와 서비스 전문성
다각화 전략	• 환경변화 대응력 • 전략역할 다양성	• 합리적 전략추진 방향설정 • 전략추진 역량변화와 조정
사업화 전략	• 사업성장 잠재력 • 신사업 개발 모델	• 거시적 환경예측과 경쟁력 관리 • 성장전략과 사업화 시기관리

제 2 장
경영전략 결정요소

경영전략은 목표지향성에 따라 추진되고, 사업기반과 경영자원에 의해 목표성과가 실현된다. 경영전략의 목표관점은 경제적 가치 지향성과 내부자원의 사업화, 외부자원의 성장성 관리, 사회적 책임감 향상을 추진한다. 전략추진력 향상과제는 다음과 같이 구성된다.

첫째, 경제적 가치지향성

경제적 가치지향성은 기업의 기회요인을 포착하여 경제적 가치기반의 사업성장성 전략을 추진한다. 미래사업 성장성 예측과 잠재적 위기요인의 실태파악을 통해 경제적 가치 중심의 전략과제와 목표성과 달성을 추진한다. 경영위기 국면을 탈피하는 기업 성장전략을 개발하여 경제적 가치와 사업효용성을 추구하는 전략을 수립한다.

둘째, 내부자원 사업화

내부자원 사업화는 생산기반 시설과 기술역량, 경영자원과 사업화 능력 등을 사업모델을 구성한다. 사업성장성 관리를 위한 경영철학과 사업관리 리더십, 경영전략 실행력과 의사결정 능력에 따라 사업분야와 사업규모, 사업전략과 목표성과 관리 프로세스가 확립된다.

셋째, 외부자원 성장성 관리

외부 환경에서 파생되는 기회요인을 탐색하여 중·장기 전략과제와 목표설정, 사업성장성 관리 모델과 성과관리 프로세스를 구축한다. 환경변화 대응력을 향상시켜 기업의 다원적 사업모델 개발과 지속성장성을 강화시킨다.

넷째, 기업의 사회적 책임감

모든 기업은 국가경제 시스템과 산업기반, 지역사회 인적자원과 소비시장에 연계되어 경영활동을 수행한다. 독립된 개체로서 경영전략과 목표과제 설정보다는 기업의 사회적 책임감이 동반되는 전략과제와 목표성과를 설정하여 전략을 추진한다. 국가와 지역사회, 산업과 사업분야, 소비자와 이해관계자 지향성을 토대로 하여 사업성장 전략을 수립하여 상호 공존성이 확립되는 전략과제와 목표성과를 추구한다.

핵심과제 요점정리 & 학습관점 도출

경영전략 결정요소

전략요소	추진과제
경제적 가치성	• 기회요인 성장성, 위기요인 개선관리, 경제적 가치지향성 • 신사업의 성장전략, 사업 효용성과 추진전략 실행력
내부자원 사업화	• 경영자원 내재화, 경영자원 효용성, 자원투입과 산출가치 • 사업성장 시스템, 목표관리 리더십, 의사결정 프로세스
외부자원 성장성	• 외부환경의 기회탐색, 기업성장 다원성, 외부환경 대응력 • 전략관리 프로세스, 목표과제 성장잠재력, 사업변화 관리
기업의 사회책임	• 국가 경제시스템, 지역사회 인적자원, 전략과제 광의성 • 경영전략 목표 다원성, 성과목표 연계성, 사회적 확산성

1. 기술적 환경요인

　기술적 환경요인은 경영전략의 중요한 결정요소로 기술연구 능력과 기술개발 패러다임에 따라 제품속성과 특성 모델링, 제품이미지와 선호도, 제품품질 신뢰도와 만족도 향상, 시장성장성과 경쟁력 향상을 추진한다.

　기술의 발전과 개발주기에 따라 제품 성장주기가 형성되고, 기술개발 역량에 의해 제품의 시장성장성을 관리할 수 있다. 기초기술 개발과 응용기술 발전패러다임에 따라 미래 핵심사업 모델을 설계하거나 현재 사업구조를 변화시키는 전략을 추진한다. 현재 기술수준과 미래 기술발전 환경을 예측하여 신사업 개발과 사업

성장성 관리를 위한 전략과제와 목표성과를 설정한다.

원천기술 연구와 기초기술 개발을 기업이 독자적으로 추진하거나 정부의 산업 기술발전 정책에 편승하여 개발할 수 있다. 경영전략 추진에 필요한 기술개발을 정부정책에 의존할 경우 기술의 공유성이 확산되어 신기술 기반의 차별화된 독자적 신사업 모델과 제품특성 개발이 불가능하다. 기술연구와 기술개발 방향 설정 과정에는 기술의 독점권 확보 차원에 따라 기회와 장점요인을 도출할 수 있으므로 기술 활용성과 사업화 방향을 예측하여 기술의 확보와 개발 방향을 설정한다.

산업기술은 기술개발 주기 또는 기술의 유형에 따라 기초기술과 상용기술, 핵심기술과 표준기술로 분류되며, 기술의 특성과 지향성은 다음과 같다

첫째, 기초기술

기초기술은 기술속성과 특정제품, 기술의 활용방향에 예속되지 않고 다양한 목적에 부합되도록 개발되는 기술이다. 새로운 기술개발 패턴을 제시하거나 제품개발과 생산공정, 생산방법과 제품품질 등의 기본사양 설정에 활용되는 기술로 개발된다. 특정 목적을 완성시키는 기술보다는 활용성이 다양한 논리적 실체의 기술을 개발하여 다양한 관점의 활용성을 지향하는 방향으로 개발한다. 특정 사업분야에 기초기술이 확립되면 기술기반의 경영전략 과제와 목표성과를 다차원적으로 설정하는 전략을 추진할 수 있다. 기초기술을 토대로 제품개발과 생산, 생산원가와 제품품질 관리에 필요한 창의적이고 혁신적인 응용력과 실용성을 향상시켜 기술적 우위의 제품 수월성과 사업성장 전략을 추진할 수 있다.

둘째, 상용기술

상용기술은 기초기술을 응용하여 상용기술에서 지향하는 기술 활용 목적별로 개발된다. 기초기술의 개발관점이 포괄성을 나타낸다면 상용기술은 단일목적의 실용기술을 개발한다. 신제품 개발의 상용기술은 제품사양 특성화 기술과 제품구성과 기능설정 기술, 제품 디자인 기술로 세분화된다. 생산방법의 상용기술은 공정시스템과 설비자동화 기술, 생산능력과 수율관리 기술, 제품품질 기술 등이 해당된다.

셋째, 핵심기술

핵심기술은 기업의 특수한 목적을 추구하는데 필요한 기술이다. 중·장기 경영전략에서 추진하는 특정분야 사업개발과 시장성장성 관리, 경쟁력 향상 지원기술과 기술적 핵심가치를 추구하는데 필요한 기술 등으로 분류된다. 핵심기술의 개발사양은 기초기술과 상용기술을 활용목적별로 융합시켜 새로운 패러다임의 기술로 개발한다. 기초기술이 지향하는 포괄적 메커니즘과 상용기술의 세분화된 실용적 메커니즘을 통합시키거나 두 가지 속성이 융합된 전문화 기술로 개발한다. 기술사양이 일정한 패턴을 유지하기 보다는 기술 활용목적에 따라 변화되는 속성을 나타낸다.

넷째, 표준기술

표준기술은 상용기술과 핵심기술을 대상으로 기술 활용성과 기술유형별로 일정한 패턴의 기술을 표준화시킨 기술이다. 기초기술은 사양의 포괄성으로 인해 표준기술로 구성되지 않으나 표준기술의 지향패턴을 나타낸다. 표준기술은 활용목적과 형태적인 구성의 통일성이 요구되므로 기술 활용효과도 표준적으로 나타난다.

표준기술은 보존성과 선택적 목적의 활용성이 뛰어난 반면 기술응용력은 낮다.

산업기술은 활용성에 따라 사업구조의 특성화, 생산 공정의 효율화, 제품특성을 전문화시킨다. 산업기술의 유형은 미래사업 기반을 조성하는 사업기반 기술, 신제품 개발과 생산 공정프로세스 구축을 지원하는 사업효율화 기술, 제품특성과 사양을 전문화시키는 제품 고도화로 분류된다.

첫째, 사업기반 기술

사업기반 기술은 미래사업 발전패러다임과 신사업 모델개발 기술에 목표를 둔다. 신성장 동력 산업기술과 글로벌 성장사업 기술을 개발한다. 기초기술과 핵심기술을 활용하여 창조적 기술개발과 혁신기술의 사업모델링을 추진한다. 소비자 본성과 욕구충족 행동을 지원하는 제품과 품질 표준화 기술을 개발한다.

둘째, 사업효율화 기술

사업효율화 기술은 미래사업 성장성 관리에 필요한 기술설계와 제품개발 기술을 개발한다. 기초기술과 상용기술을 결합시켜 기술개발 방향을 다양화시키거나 특정사업 발전을 지원하는 기술을 개발하여 사업성장성 확보와 기술 활용성을 다양화시킨다. 제품특성과 기능, 디자인 등의 제품사양 개발기술과 생산방법과 설비능력, 생산수율 등의 제품생산성 관리 기술을 개발한다. 특정제품의 생산원가 절감기술과 품질고급화 기술, 서비스 기술 등을 개발하여 제품경쟁력 향상을 추진한다.

셋째, 제품 고도화기술

　제품 고도화기술은 상용기술과 핵심기술을 융·복합시켜 창조적 제품생산 기술과 제품특성 전문화 기술을 개발한다. 글로벌 시장 점유율과 경쟁력을 지원하는 제품개발 기술과 소비자 요구 충족 기술을 개발한다. 미래 불확실 사업환경을 타파하는 사업기반의 원천기술과 핵심 선도기술을 개발하여 기업의 잠재적 성장가치를 향상시킨다. 창조적 제품개발 기술과 혁신적 생산 공정프로세스 기술을 전문화시켜 제품의 고도화와 사업성장을 추진한다.

핵심과제 요점정리 & 학습관점 도출

기술주기와 기술속성

주기	기술속성
기초 기술	• 기술속성과 사양, 기술 패러다임과 개발과제, 기술모델 • 기술적 논리 지향성, 창조성과 혁신적 관리 패턴
상용 기술	• 기술구조와 형태적 체계, 기술목적 지향성, 실용화 가치 • 제품사양 특성화, 생산공정 프로세스, 설비운영과 자동화
핵심 기술	• 기술특성과 목적성, 기업 잠재가치 수준, 기술 메커니즘 • 기초기술과 상용기술 융합, 기술속성, 미래성장 핵심가치
표준 기술	• 기술유형과 활용패턴, 기술보존성과 통일성, 기술 체계성 • 선택적 활용성, 적용대상의 포괄성, 기술의 형태적 기능성

산업기술 지향성

구분	기술 목적성	기술 전문화
산업정책	기초기반 기술	실용적 기술
기업목표	산업응용 기술	독창적 기술

기술 활용패턴

기술유형	활용과제
사업기반 기술	• 기초와 핵심기술 융합, 산업선도 기술, 글로벌 성장기술 • 사업화 동력과 창조성 기술, 제품특성과 품질 선도기술
사업효율 기술	• 기초기술과 상용기술 결합, 기술 포괄성과 다양성 추구 • 기술 다양성과 사업안정성, 기술·제품·생산 통합프로세스
제품고도 기술	• 창조적 기술전문화, 기술경쟁과 소비자 욕구충족 기술 • 원천기술과 선도기술, 기업 가치와 사업성장 견인 기술

2. 산업과 사업 매력도

산업 매력도는 특정 산업에 내재된 사업성장 잠재력과 연관사업 확장성, 사업성장 견인력 등을 측정하여 경영전략 모델을 개발한다. 특정산업의 강점과 약점요인, 기회와 위기요인을 분석하여 지속성장성이 추진되는 사업모델과 성장전략을 개발한다. 경영전략 추진과정에 잠재적 경쟁기업 등장과 대체제품 출현으로 사업성장 매력도가 떨어질 경우에는 신기술과 신제품 개발, 시장 세분화와 서비스 차별화, 유통기관 전문화와 유통경로 다양화 전략을 개발하여 시장경쟁력과 점유율 향상을 추진한다. 산업 매력도 차원의 영향요인에는 사업성장과 시장경쟁 환경, 대체재 등장환경과 소비자 행동, 독과점 시장영향력 등이 있으며, 사업성장 영향요인과 작용력을 분석하여 경영전략 과제를 도출한다.

첫째, 사업성장 환경

사업 성장성은 미래 사업환경과 지속성장 전략, 신기술과 신제품 개발 능력, 잠재시장 개발과 소비자 만족도 관리에 의해 실현된다. 사업성장 환경에서 시장경쟁이 심화되는 경우에는 사업성장 영향요인의 매력도를 분석하여 경영전략 모델을 개발한다. 사업성장 환경의 매력도 측정과제는 다음과 같다.

① 미래사업 성장규모 예측과 특정 사업 성장주기 추론
② 신기술과 신제품의 시장성장 견인력과 시장점유 영향력
③ 생산기반 시설투자와 운영자금 규모, 투자자산 회전율
④ 제품특성과 기능의 다양성, 경쟁제품과의 차별화 지향성
⑤ 생산능력과 생산원가, 생산규모의 경제원칙 차원
⑥ 동종사업 경쟁업체 분포와 경영전략 공존 및 차별적 우월성
⑦ 핵심사업과 전략적 이해관계 사업의 시장경쟁 집중화 성향
⑧ 기초기반 산업분야와 국가기간 산업 등 사업구조 조정이 제약되는 사업의 시장성장 잠재력과 경쟁력을 측정한다.

측정된 사업 매력도 차원에서 사업성장성이 예측되는 사업부문은 경영전략 과제를 발굴하여 사업성장성 관리 전략을 수립한다.

둘째, 시장경쟁 환경

특성 사업의 시장경쟁력은 생산기술의 전문성, 제품특성과 이미지 고도화, 소비자 욕구충족과 소구력 차원에 의해 형성된다. 선도 기술연구와 신제품 개발, 제품다양성과 차별화 전략, 유통기관과 경로 적정성 관리, 고객만족과 기대가치 관리를 통해 시장경쟁

력을 향상시킨다. 시장경쟁 환경에서 특정 사업분야의 경쟁력을 갖춘 기업이 시장에 진출할 경우 시장경쟁의 교란현상이 나타난다. 이를 견제하기 위해 기술과 제품개발, 광고와 홍보관리, 유통시스템 구축과 판매촉진 역할을 수행하여 시장경쟁력을 보존시킨다. 시장경쟁 환경 매력도 측정과제는 다음과 같다.

① 신규 진입 사업규모와 사업모델, 사업성장 추진력
② 경영전략과 사업역량, 사업집중도와 경영자원 동원능력
③ 시장경쟁력과 영향력, 시장관리 능력과 유통경로
④ 시장 점유율과 성장성, 시장공급 능력과 수요 균형성, 매출액과 영업이익률 등을 측정한다.

시장경쟁력의 매력도 차원에 따라 경쟁시장 진입장벽 관리와 성장전략 모델을 개발하는 대응전략을 수립한다.

셋째, 대체재 환경

특정 사업 또는 시장경쟁력은 제품군별로 경쟁관계가 형성된다. 특정 사업부문의 제품군이 사업성장성과 시장경쟁력을 견인하지 못할 경우 대체재와 보완재 제품이 시장에 등장한다. 대체재 제품은 시장성장 주도권을 변화시킬 수 있으며, 보완재 제품은 시장 확장성을 추진한다. 대체재 제품이 시장성장성을 주도할 경우에는 대체재 제품의 존재적 특징과 가격 및 경쟁능력을 분석하여 대응전략을 수립한다. 대체재 제품의 등장 이후에도 시장성장성에 변동이 없거나 시장성장이 둔화될 경우에는 경영전략 방향과 목표 조정이 필요하다. 전략방향 조정을 위한 사업 매력도 측정과제는 제품가격과 제품효용성, 생산원가와 영업이익, 시장수요와 공급능

력 등이 있다.

넷째, 소비자 행동

소비자는 시장규모의 결정요소이며, 시장성장성 관리대상으로 분류된다. 소비자 행동은 유발된 동기요인의 욕구충족을 위해 실행되고 다양한 패러다임의 영향을 받는다. 심리적 본성과 사회적 경험내용, 목표지향적인 기대가치와 특정 정보의 외적자극 지각반응 등에 의해 욕구충족 행동이 실행된다. 기술적 요인과 제품특성, 제품가격과 품질, 제품효용성과 이미지, 마케팅촉진 활동과 만족도 차원이 소비자 행동을 유발시킨다. 소비시장의 사업성장성과 시장경쟁력은 소비자 욕구충족 행동의 만족도 관리, 고객과 서비스 전문화에 의해 실행된다. 소비자 행동의 매력도 측정과제는 다음과 같다.

① 소비자 본성과 개인차 특성의 동기유발 강도, 욕구충족 행동의 내적지향성 수준
② 소비자 기대가치 추종성향과 정서적 반응행동의 패러다임
③ 소비자 인지양식과 경험내용 귀인행동, 지각학습 강화작용
④ 구매자 시장과 공급자 시장의 서비스 차원과 기대가치 수준
⑤ 제품 선택 영향요인의 차원과 의사결정 영향력 수준
⑥ 제품선택 행동의 다차원 속성과 충동성 패턴
⑦ 소비행동의 실용적 효용성과 상징적 우월성, 잠재적 기대가치 지향성
⑧ 계획구매 행동패러다임과 충동구매 유발요인의 충족성향을 측정한다.

소비자 욕구충족 행동의 매력차원에 따른 신제품 개발과 제품 이미지 설정, 유통경로와 기관의 전문화, 제품과 기업이미지 홍보, 마케팅촉진 프로세스를 구축한다.

다섯째, 독과점 시장

특정 사업에서 공급자 중심의 독과점 시장이 형성될 경우 제품특성과 가격, 유통기능과 서비스 등을 다차원적으로 관리하여 시장 지배력을 행사한다. 독과점 시장을 세분화시켜 제품속성 단순화와 저가격 전략에 의한 시장규모 확장, 제품속성 고급화와 고가격 전략에 의한 영업이익의 극대화 전략을 추진한다. 독과점 시장의 수요와 공급의 균형성이 유지될 경우에는 기술 및 제품개발의 집중력이 향상되고 소비자 중심의 제품생산과 마케팅촉진 역할을 실행한다. 독과점 시장의 수요와 공급이 불균형 상태일 경우에는 수익성 중심의 시장성장 전략을 추진하여 시장경쟁 체제를 교란시키면서 시장성장성을 둔화시킨다. 독과점 시장성장 영향요인 측정과제는 다음과 같다.

① 원재료 등의 공급망 중심의 독과점 시장형성 요인 분석
② 독과점 제품군의 단순화와 대체재 및 보완재 제품유형
③ 독과점 제품의 시장지배력과 소비자 욕구 충족성 차원
④ 독과점 제품특성 차별화와 소비자 기대가치 효용성 차원
⑤ 공급자의 제품 유통경로 통제와 유통기관 단순화 차원, 유통망의 시장성장 영향력 등을 측정한다.

독과점 제품시장의 영향요인과 매력도 차원에 따른 시장성장 전략방향과 모델을 개발한다.

핵심과제 요점정리 & 학습관점 도출

사업 매력도 관리

영향력	매력도 관리
사업성장 환경	• 산업 패러다임, 지속성장성 과제, 기술과 제품 개발역량 • 사업성장 잠재력과 영향력, 사업구조와 기능변화 전략 • 시장성장 견인력, 핵심과제 사업화, 경영자원 적정성
시장경쟁 환경	• 기술과 제품특성화, 소비자 욕구충족, 유통기관 전문화 • 기술 선도력, 제품다양성과 차별화, 경쟁기업 대응전략 • 시장 진입장벽, 수요와 공급 균형, 고객만족과 기대가치
대체재 환경	• 사업분야 확장성, 제품군별 경쟁력, 제품성장주기 • 시장 주도권 성장 견인력, 제품 존재가치, 시장 대체성 • 제품과 가격, 매력도, 제품이미지와 선호도, 이익 기여도
소비자 행동	• 소비자 계층, 상권집중과 분산도, 소비자 욕구충족 행동 • 본성과 내적지향성, 인지양식과 정서행동, 지각 반응성 • 형태성 충족과 이미지 상징화, 서비스와 만족도 차원화
독과점 시장	• 공급자 시장점유율, 잠재시장 규모, 제품촉진 전략 • 기술과 제품 집중력, 시장 방어기저, 영업이익 극대화 • 공급망 독점력, 수요자 시장 영향력, 유통기능의 자율성

3. 경쟁기업 분석

경쟁기업은 산업적 측면에서는 동반자 관계가 형성되어 동종 산업의 성장성을 견인한다. 소비시장의 측면에서는 기업 간의 경쟁관계를 형성하여 기술연구와 제품개발, 생산능력과 생산원가, 소비시장과 유통경로, 유통기관과 서비스 관리 역할을 견제하거나 차별화 전략을 추진하여 시장점유율 향상을 추구한다. 경쟁기업 견제방법은 사업다각화와 사업전문화 관리, 생산기술과 제품특성 수월성 관리, 소비시장 서비스와 소비계층 만족도 관리의 우월적 차별화를 통해 실현한다. 경쟁기업과의 협력관리는 잠재시장의 성장성 관리, 생산기술과 제품특성 개발 공동연구, 기초기술과 응용기술 공유성, 유통경로와 물류시스템 운영정보 공유와 협력관리 체계를 형성한다.

경쟁기업과의 상호 협력방안의 모색과 경쟁기업보다 우월한 경영전략을 수립하여 시장경쟁력과 시장점유율 향상을 선도한다. 이를 위해 경쟁기업의 경영전략 추진 실태파악과 사업모델과 경영자원 운영패러다임의 이해가 필요하다. 경쟁기업 정보는 동태성과 다변성을 나타내므로 노출된 정보로부터 전략내용을 추론하여 전략과제와 목표성과 추진력을 예측한다. 왜곡된 정보에 의존하여 협력방안과 견제방법을 모색할 경우에는 관계성의 단절을 초래하거나 대응전략 효용성이 반감된다. 경쟁기업의 미래 성장전략과 현재 실행중인 전략, 목표과제와 성과내용, 경영자원과 사업역량 수준분석과 동종 사업분야 기업과의 비교분석을 통해 예측정보의 신뢰성을 향상시킨다. 경쟁기업 정보 분석과제는 다음과 같다.

① 경영전략과 경영목표 과제, 사업모델의 미래성장 잠재력
② 사업성장 역량과 경영자원, 시장성장 견인력과 신인도
③ 경영성과와 영업이익률, 시장경쟁력과 점유율
④ 기업이미지와 제품인지도, 생산기술과 제품개발 선도력
⑤ 경쟁기업 사업 분포와 사업특성의 차원 등이다.

동종사업 기업집단의 사업성장 기반과 경쟁기업의 전략과제와 목표를 분석하여 사업 환경변화 패러다임에 부합하는 견제방법을 탐색한다. 경쟁기업이 대규모 기업집단으로 형성된 경우에는 각기 다른 전략과제와 목표성과를 추진하게 되므로 일관된 대응전략을 추진하기가 어렵다. 이 경우 경쟁기업의 경영전략 유형별로 그룹집단을 분류한 후 소그룹 집단별로 차별화된 대응전략을 수립하여 추진한다. 경쟁기업 집단의 장점과 단점요인, 전략과제 우월성과 전략추진 기반의 상대적 가치수준을 분석하여 기업의 경영전략 방향설정, 목표성과 실행방법과 시스템을 구축한다.

핵심과제 요점정리 & 학습관점 도출

경쟁기업 분석과제

분류	분석과제	분석내용
사업성장 기반	• 사업성장성과 경쟁요건 • 사업운영 역량과 경영자원	• 사업기반과 경영성과 • 미래전략과 경영목표 • 핵심전략과 사업기반
경쟁기업 집단	• 경쟁기업 잠재적 역량 • 경영전략과 사업실행 능력	

경쟁기업 대응전략

관리	대응방안
사업정보 분석	• 경영전략과 목표과제, 사업역량과 경영자원, 사업성과 • 사업모델과 성장잠재력, 시장성장 견인력과 신인도 • 시장경쟁력과 점유율, 기술·제품개발 선도력, 사업특성
사업협력 관리	• 잠재시장 성장성, 기초기술 연구, 기술표준화 관리 • 잠재시장 발굴, 시장상권 조성, 제품특성과 활용성 홍보 • 유통경로와 물류시스템, 미래 산업정보 예측과 추론
시장견제 관리	• 기술연구와 제품개발, 생산원가와 생산능력, 시장경쟁력 • 소비시장과 유통경로, 유통기관과 서비스, 제품이미지 • 사업성장 모델, 시장관리 프로세스, 마케팅촉진 전략

4. 기업 경영자원

 산업경제 성장성이 고도화되고 기술발전 패러다임이 급변하는 성향을 나타내면서 경영자원 기반의 사업성장 전략추진이 치열하게 전개되고 있다. 기업의 경영자원은 경영전략 실행의 원동력으로 사업의 글로벌화와 성장시장의 소비자 욕구충족성 관리를 위해 경영자원의 다양성과 전문화가 추진되고 있다.
 기업의 경영자원에는 내재적 자원과 사업기반 자원, 기능적 자원으로 구분된다.

 첫째, 내재적 경영자원
 내재적 경영자원은 기업의 역사성에 의해 형성된 상징적 가치이다. 사업유산과 경영능력, 조직능력이 해당된다.

① 사업유산은 기업전통 또는 상징적 이미지가 업무관행으로 고착되어 전략과제 선택과 목표추진의 관성으로 작용된다. 유형의 업무프로세스와 무형의 기업이미지가 경험학습 과정으로 조직원의 심성에 내재화되어 경영전략 수립과정에서 발현되거나 전략과제 실행과정에 작용된다. 기업 전통과 사업 이미지가 긍정적이고 혁신적, 창의적, 도전적인 응집력이 형성된 경우에는 경영전략 추진력이 향상되고 전략과제의 전문성 확립도 용이하다. 그러나 기업의 전통적 이미지가 의타적, 방임적, 배타적인 현상이 내재되어 있는 경우에는 경영전략 추진력이 반감되므로 부정적인 기업이미지 개선이 선결과제로 추진되어야 한다. 긍정적 사업유산은 전통의 계승과 경영전략에 반영시켜 경영전략 추진의 시너지 효과를 증대시킨다. 부정적인 사업유산은 전통이미지 개념을 소멸 또는 단절시키지 말고, 보존된 상태에서 긍정적인 유산으로 개선시켜 경영전략 과정에 반영시킨다.

② 경영능력은 사업성장성 관리에 수반되는 경영자의 사업성장성 관리 리더십과 경영전략 과제선정 의사결정 역할, 목표성과 관리 커뮤니케이션 방법 합리성과 상대적 수준이다. 경쟁능력은 동종사업분야 기업평균 또는 경쟁기업에 비해 특별하게 뛰어나거나 혁신적이고 창의성 역할의 패턴 차원이다. 경영능력의 우월성이 확립된 경우에는 경영전략 추진의 수월성이 나타난다. 사업성과 관리의 핵심요소인 기술과 제품의 지식재산권, 재무자산 안정성, 인적자원 전문성, 기업문화 혁신을 추구할 수 있다.

③ 조직능력은 사업범위 설정에 관여되는 조직구성과 사업운영을 조력하는 조직기능의 수준이다. 조직능력은 사업분야와 규모에 비례하여 구성되고 조직구조 편제와 표준 직무배분, 운영인력 효율성과 조직목표 배분의 적정성 차원에 의해 충족요건이 설정된다. 조직능력은 업무역할 전문성과 조직협동성, 업무동기와 몰입행동, 조직문화의 가치지향성 차원으로 분류되며 경영전략 추진력과 목표성과 달성을 촉진시킨다.

둘째, 사업기반 자원

사업기반 자원은 기업 경영활동의 근간이 되며 전략과제 선정과 목표성과 방향성에 관여되는 생산기반 자원과 영업활동 자원, 경영관리 자원의 전문화와 다양성을 관리한다.

① 생산기반 자원은 제품생산 활동에 관여되는 생산기술과 생산방법, 제품특성 등의 질적 수준과 생산설비와 생산능력, 생산공정 등의 양적 수준이다. 생산자원의 전문화는 생산기술과 제품특성의 고도화에 의한 소비자 욕구충족성 지원을 통해 실현된다.

② 영업활동 자원은 상권과 소비시장, 고객과 제품이미지, 거래선과 유통기관, 마케팅촉진 활동 등에 의한 시장경쟁력과 시장성장성 견인력의 수준이다. 영업자원의 전문화는 제품특성과 효용성, 제품이미지와 브랜드, 소비자 요구도 충족과 기대가치 관리 프로세스 구축을 통해 실현된다. 영업자원의 시장경쟁력 향상을 위해 소비시장과 제품특성 세분화, 소비계층별 제품가격과 서비스 차별화, 제품별 유통경로와 기관의 다원성을 추진한다.

③ 경영관리 자원은 관리사업 부문 역할인 재무자산과 인적자원 관리, 원재료 조달과 기업이미지 관리 역할의 질적·양적 수준으로 결정된다. 경영자원의 투입과 산출효과, 업무성과와 기대가치 영향력, 자원운영 방법과 활용성 수준에 따라 자원의 가치크기가 분류된다. 경영자원은 생산사업 자원과 영업사업 자원의 활용성을 극대화시켜 경영전략 추진력과 목표성과 달성을 촉진시킨다.

셋째, 기능적 자원

기능적 자원은 기업의 내재적 자원인 사업유산과 경영능력, 조직능력의 유용성과 사업기반 자원인 생산기술과 시설, 제품특성과 마케팅촉진 역할, 유통기관과 물류시스템 등의 우월성 수준으로 결정된다.

① 자원의 유용성은 보유하고 있는 내재적 자원의 전략과제 추진력과 목표성과 달성 견인력의 적정성 차원이다. 자원의 유용성은 전략과제 실행단계별 내재적 자원의 적정성과 충족성, 목표성과 실행단계별 자원의 동질성과 성과관리 방법별 활용성 수준에 의해 결정된다. 기업 지속성장성의 원천으로 사업자원의 유용성 수준에 따라 자원의 활용가능성과 활용효과, 전략과제와 목표성과 달성에 영향을 미치므로 내재적 자원의 가치를 함양시켜야 한다.

② 자원의 우월성은 기업이 보유한 사업기반 자원의 동일 사업 분야 기업 또는 다수의 경쟁기업 보다 전문성과 수월성이 확립되어 있을 때 형성된다. 사업기반 자원의 유용성이 확립되더라도 희소성이 없을 경우에는 우월성이 형성되지 않는다. 자원의 희소성은 독창적인 자원일수록 높게 나타나므로 지속가능한 차별성이

유지되도록 희소성 수준의 관리가 필요하다.

 기업 경영자원은 경영전략과 경영목표 변화에 따라 요구되는 자원의 유형과 수준이 달라진다. 미래 산업환경 변화에 따라 시장 기능과 소비자 욕구충족 행동이 변화되고, 전략과제와 목표성과가 조정되면서 요구되는 경영자원의 유형과 수준이 달라진다. 따라서 경영자원의 관리는 현재시점의 충족요건보다 미래 지향적인 충족성과 적정성으로 관리되어야 한다. 경영자원의 활용성 향상을 위해서는 자원의 종류와 수준의 균형성, 자원 확보와 운용시스템의 표준화, 경영자원 기반의 전략과제 발굴과 목표성과 관리 체계를 확립하여 전략 추진력을 강화시켜야 한다.

핵심과제 요점정리 & 학습관점 도출

기업 경영자원

자원 유형		가치 지향성
내재적 자원	사업 유산	• 기업전통과 상징적 이미지, 업무프로세스 표준화 • 전략과제 선택과 목표추진 관성, 경험학습 내용 • 조직원 심성내재화, 전략과제 발현성, 업무관용성
	경영 능력	• 사업성장 리더십, 전략과제 의사결정과 커뮤니티 • 혁신성과 창의력, 역할의 우월성, 성과의 수월성 • 기술과 제품 핵심요소 관리, 자원안정과 전문화
	조직 능력	• 사업범위와 조직구성, 직무표준과 목표성과 • 업무동기와 업무몰입, 조직문화와 가치지향성 • 전략과제 추진과 실행력, 목표성과 달성도
사업 기반 자원	생산 기반	• 전략과제 지향성, 제품생산 관여도, 기술 전문성 • 기술연구와 제품설계, 생산설비와 공정배치 규모 • 제품특성과 생산방법, 공정프로세스와 자동화율
	영업 활동	• 상권과 소비시장 규모, 고객관계와 제품인지도 • 시장경쟁력과 성장견인력, 제품특성과 기능차원 • 소비자 욕구충족성, 제품가격과 전략차별화 성과
	경영 관리	• 기업이미지, 재무자산과 인적자산, 원재료 조달력 • 경영전략 추진력, 목표성과 달성률, 성과 영향력 • 투입과 산출효과, 기대가치 작용력, 잠재적 가치
기능적 자원	자원 유용성	• 전략과제 연계성, 자원 활용성과 목표성과 영향력 • 전략 로드맵 지원효과, 자원 지속성과 경쟁우위 • 자원운영 효과 수준, 자원운용 다차원 특성
	자원 희소성	• 자원의 유용성, 자원의 우월성, 성과산출 수월성 • 자원의 차별성과 잠재적 효용성, 독점적 영향요인 • 자원의 지속가능성, 자원운영 차별적 경쟁우위

5. 핵심역량 모델

 핵심역량은 사업부문 또는 업무성과 단위별로 전략과제 지향성과 목표성과 실행성의 가치차원에 의해 분류된다. 업무목표와 업무효과, 업무가치와 성장잠재력 등의 정성적 가치와 업무방법과 업무프로세스, 업무산출량과 달성수준 등의 정량적 가치 차원에 의해 분류된다. 미래 사업모델과 지속가능성, 전사적 사업기반 구축과 사업부문별 목표과제 성과지향성을 추구하는 업무역할이 핵심역량 업무로 구분된다. 핵심역량은 전략과제와 목표성과 수행에 요구되는 직무역량의 충족과 더불어 전사적 업무프로세스와 사업부문별 업무시스템 운영역할의 충족도와 전문화 차원에 의해 분류된다.
 핵심역량 모델은 전사적 전략과제 지향성 및 목표성과 실행성 차원, 사업부문별 목표과제와 목표실행 방법, 인적자원 육성과 활용, 자원의 투입과 산출가치 차원이 총체적으로 결합된 가치수준에 의해 분류된다. 핵심역량 모델 구성과정과 역할은 다음과 같다.

 첫째, 핵심역량 가치측정
 핵심역량 가치는 사업부문별 표준 직무가치와 직무역량의 차원에 의해 산정된다. 표준 직무가치는 직무목표와 직무성과, 업무방법의 가치수준과 기대가치 지향성에 의해 산정된다. 직무역량 차원은 업무지식과 업무경험, 업무역할의 상대적인 수준 차이에 의해 측정된다. 직무가치와 직무역량의 차원에 의해 측정된 핵심역량은 전략과제와 목표성과 우선순위 분류, 인적자원 육성과 운영

방향 설정에 관여된다.

 표준 직무가치 산정과 직무역량 차원측정은 직무분석 연구과정에서 전사적 직무편재 현황분석과 사업부문별 목표과제와 성과지향성 분석, 직렬 및 팀 단위조직의 업무방법과 업무성과, 업무역할의 패러다임을 분석하여 산정한다.

 둘째, 핵심역량 수준분류

 핵심역량은 측정된 가치의 차원을 크기 단위별로 서열을 분류하여 수준을 구분한다. 핵심역량 가치 차원의 서열에서 상위 30%까지를 핵심역량으로 분류한다. 서열 30% 이하부터 65% 범위는 중점역량이고, 서열 65% 이하일 때는 일반역량으로 구분한다. 핵심역량은 경영전략 과제와 목표성과 관리의 중심축이 되는 내용으로 전사적 업무프로세스로 구축되어 사업모델 구축과 지속성장성을 지향하고 사업부문별 업무네트워크에 연동되어 목표성과 관리와 경영자원의 적정성 관리 기준이 된다. 핵심역량은 신사업 개발과 경영전략과제 추진단계별로 변동성향을 나타내므로 목표성과 관리 단계별로 핵심역량의 변화·조정이 필요하다. 경영전략 추진과정에서 핵심역량의 수준이 변동될 경우에는 경영전략 실행에 필요한 경영자원의 충족수준도 조정되어야 한다.

핵심과제 요점정리 & 학습관점 도출

핵심역량 분류과제

역량요건	목표 지향성	업무프로세스
전략과제	정성적 가치, 정량적 수준	리더십, 의사결정력 차원
목표성과	지속성장성, 혁신시스템	목표체계화, 성과활용성
전략체계	전략연계성, 시간대 동질성	전략과제 수준, 시간제약성
조직구조	사업 계열화, 목표 차원성	사업 분포도, 역할 다원성
표준직무	목표지향성, 성과활용성	수평적 네트워크, 수직계열
직무가치	직무속성 차원, 역량요건	목표기여도, 전략적 활용성
인적자원	인재상 모델, 경력관리 경로	지식모델, 역량프로세스

핵심역량 모델구성

구분	모델구성 요소
직무가치 차원	• 직무목표와 직무성과, 직무방법과 기대수준, 질적 차원 • 핵심역할의 전략과제, 목표성과 우선순위, 역량가치 차원
직무능력 차원	• 업무지식과 업무경험, 업무행동과 업무역할, 양적 충족성 • 상대적 충족성, 업무과정 활용성과 응용력, 역량 충족성
핵심역량 가치	• 업무목표와 성과요소, 기대효과와 잠재적 가치 수준 • 직무가치와 직무능력 가치 총합, 전략과제와 목표지향성
핵심역량 레벨	• 전략과 성과 관여 수준, 시스템과 네트워크 연계성 • 전략로드맵 우선순위, 경영자원 충족과 활용성, 가치차원

6. 경영전략 체계

 경영전략 체계는 전략구성 요소들을 논리적인 개념체계와 목표관리 프로세스별로 구분하여 시스템적으로 배열된다. 경영전략 체계는 기업의 이념과 비전, 경영전략과 경영목표, 경영계획으로 구성된다. 기업이념과 비전에 따라 기업성장 방향과 경영전략 범위가 구성되고 전략과제와 목표성과가 설정된다. 경영전략은 기업의 당면환경과 미래 사업 지향성에 따라 성장사업 예측과 신사업 개발, 사업투자 방법과 사업구조 조정, 사업분야와 방향을 설정한다. 경영목표는 전략과제 추진방향과 목표성과 관리 방법이 구성된다. 중·장기적으로 수행할 역할과 방법이 구현되고 단계별 실행과제의 우선순위를 설정한다. 경영계획은 목표과제에 대한 성과관리 내용과 실행시기가 구성된다. 전략 구성요소의 지향과제는 다음과 같다.

 첫째, 기업이념
 기업이념은 기업의 존립 기반과 사회적으로 지향하는 사상과 가치관이 확립되어 사업 방향성을 제시한다. 기업문화의 축이 되어 조직행동과 사회적 책임의 규범을 정의한다. 최고경영자들의 가치철학과 기업관, 경영관리 신념과 행동기준이 된다. 기업이념은 일반적으로 사시, 강령, 헌장, 신조 등의 형태로 성문화되거나 기업문화에 내재되어 있는 기업의 사회적 역할과 책임감, 조직원의 업무행동 방향성을 제시하는 개념과 논리로 구성된다.

 둘째, 기업 비전
 기업 비전은 기업이 미래에 달성하고자 하는 기업상이며 사업

추진 방향의 모델이다. 사업성장성을 추구하는 기업의 미래 위상과 경영목표 성과달성에 의한 미래의 기업모습이다. 기업이념의 틀 속에서 기업의 지속성장성이 추구되는 경영전략의 추진방향과 중·장기적인 기업 역할의 패턴을 구체화시킨 것이다.

셋째, 경영전략

경영전략은 기업 비전 실현을 추진하는 역할의 방향과 목표내용이다. 중·장기적으로 추구하는 전사적인 사업의 지향성과 목표성과 관리방법을 시스템화한 것이다. 미래의 바람직한 사업분야 선정과 사업구조 설계, 현재 사업구조의 효율화를 위한 변화·조정 프로세스를 구축한다. 톱-다운 방식의 의사결정과 보텀-업 방식의 커뮤니케이션 체계에 따라 전략모델이 구성된다.

넷째, 경영목표

경영목표는 기업 경영활동의 목표성과 단위와 성과관리 방법이 설정된다. 기업 경영활동에 필요한 업무프로세스와 시스템이 구축되어 전략추진력을 활성화시킨다. 경영목표 추진방법을 구체화하여 전사적 전략과제와 사업부문별 목표성과 관리 체계의 일관성이 유지되도록 성과관리 방향을 설정한다.

다섯째, 경영계획

경영계획은 경영목표 성과관리 역할과 내용을 설정하여 체계적이고 효율적으로 성과달성이 실현되도록 한다. 전사적인 경영전략과 경영목표에 기초하여 사업부문별로 실행과제와 실행방법, 추진 일정계획이 수립되고 성과관리 내용이 제시된다. 경영계획은 범위에 따라 종합계획과 부문계획, 내용에 따라 전략계획과 전술계획,

기간에 따라 장기·중기·단기계획, 대상지역에 따라 국내계획과 국제계획으로 구성된다.

① 종합계획과 부분계획은 계획과제와 내용의 범위에 의해 분류된다. 종합계획은 계획의 대상범위가 전사적이고 사업성장성과 사업모델 구축내용의 계획이다. 부분계획은 사업부문 및 업무분야별로 목표과제 관리와 성과관리 시스템이 구성된다. 생산사업 부문의 기술개발과 제품생산성 계획, 영업사업 부문의 시장경쟁력과 마케팅촉진 계획, 관리사업 부문의 경영자원 운영 기반구축 계획이 수립된다.

② 전략계획과 전술계획은 계획내용에 의해 분류된다. 전략계획은 경영구조의 변화에 관련된 계획이다. 전술계획은 경영방법의 체계화와 성과관리 역할을 효율화시키는 계획으로 업무실행력 향상을 추구한다.

③ 경영계획 기간은 전략과제와 목표성과 및 성과내용 활용시기에 의해 설정되며, 계획기간의 장·단은 절대적 기준보다는 상대적인 조건으로 구분한다. 장기계획은 7년 또는 10년 이상으로 설정되고 전사적 관점의 기업 미래를 예측하여 사업모델 구축과 사업방법을 설정한다. 중기계획은 4년부터 6년 기간으로 구성되고 사업부문별 목표과제 관리 방향과 목표성과 관리방법이 설정된다. 단기계획은 1년부터 2년 단위로 구분하거나 3년 단위로 설정하는 경우도 있다.

④ 국내계획과 국제계획은 대상지역에 의해 분류된다. 국내계획

은 지역을 협의적으로 구분하여 국내지역을 대상으로 한다. 국제계획은 지역을 광의적으로 확장시켜 여러 국가를 대상으로 하는 글로벌 계획이다.

핵심과제 요점정리 & 학습관점 도출

경영전략 체계

체계	지향성 과제
경영이념	• 존립 기반과 사회적 지향성, 사업적 사상과 가치지향성 • 기업문화 모델과 조직행동, 경영규범 사회적 역할 • 경영자 신념과 행동규범, 기업 강령과 헌장, 경영신조
기업 비전	• 미래의 기업상과 사업위상, 사업방향과 사업화 모델 • 기업성장 방향과 경영전략의 범위, 경영성과 달성목표 • 사회적 가치지향성과 기업의 역할, 경영전략의 방향
경영전략	• 비전 추진역할과 방향, 전사적 사업관리 방법과 시스템 • 미래 환경예측과 사업개발, 사업설계와 투자, 구조조정 • 전략 리더십과 자원모델화, 목표관리 의사결정 프로세스
경영목표	• 중·장기 목표지향성, 목표관리 방법과 프로세스 구현 • 성과가치 설정과 실행 프로세스, 조직목표 균형관리 • 경영활동 균형관리, 전략과제와 목표성과 변화·조정
경영계획	• 목표성과 실행방법, 계획내용 조직할당과 성과수준 관리 • 사업부문별 목표균형 관리, 성과과제 시계열별 연계관리 • 경영자원 운영 적정성, 미래 환경변화 단계별 대응방법

경영계획 유형

구분	유형	계획 지향성
계획 범위	종합계획	• 전략과제와 목표성과 구성, 경영전략 구성 틀
	부분계획	• 목표관리 구간과 성과역할, 경영목표 실행 틀
계획 내용	전략계획	• 사업모델과 구조 조정, 사업개발, 창조성 관리
	전술계획	• 실행방법과 역할 구조화, 기능변화와 문제개선
계획 기간	장기계획	• 전략과제별 시계열 연계성, 성과목표별 로드맵
	중기계획	• 과제와 목표조정과 일관성, 경영자원 충족성
	단기계획	• 전략과제와 목표시급성, 당면과제 선제적 조치
계획 지역	국내계획	• 사업기반 확립, 목표성과 지향, 경영자원 구축
	국제계획	• 글로벌 경쟁력, 사업 다변화, 전략적 협력관리

제 3 장
경영전략 결정원칙

　경영전략의 결정은 미래 환경과 시장성장 잠재력, 사업 성장주기와 경쟁기업, 경영자원과 사업역량에 기초하여 전략과제와 목표성과가 설정된다. 경영전략의 합리적인 추진방향 설정을 위해 '목표의 원칙'을 준수하고 외부환경의 합리적인 대응과 내부자원의 효율적 운영을 지향하는 '집중화 원칙'을 추구한다. 경쟁기업 등의 외부 영향요인에 선도적으로 대응하기 위한 '선제적 원칙'과 전략과제와 목표성과 추진의 선도력 확립을 위한 '공방의 원칙'을 추진한다. 내·외부 환경의 위협요인을 기회요인으로 전환시키는 '융통성 원칙'과 기업에 축적된 경영자원과 역량을 활용하여 예측불허의 혁신적인 경영전략 시스템을 구축하는 '기습의 원칙'도 경영전략 추진과 목표관리 방법으로 구성한다. 경영전략 실행원칙의 지향점은 다음과 같다.

　첫째, 목표의 원칙
　목표의 원칙은 기업의 지속성장성과 시장경쟁력, 시장점유율 향상을 추진하는 사업모델과 목표성과 단위설정 원칙이다. 제품개발과 판매시장 개발, 제품경쟁력과 매출액 향상, 신사업 개발과 사업 구조조정 목표 등을 설정한다. 목표성과 달성을 위한 사업운영 기반 구축과 부가가치 창출을 위한 생산기술과 제품개발 잠재력을 분석하여 목표방향을 명확하게 설정한다.

둘째, 집중화 원칙

집중화 원칙은 시장성장 잠재력과 제품수월성 관리, 경쟁기업에 대한 상대적 우월성 확립을 위해 전략과제와 목표성과의 집중화를 추구한다. 전략과제 실현성이 높은 사업분야와 목표를 선정하여 경영자원과 사업역량을 집중화시키는 역할이다. 사업다각화와 시장세분화 전략에 의해 사업역량이 분산될 경우 전략추진력이 약화되거나 내제된 취약점 노출로 사업성장성과 경쟁력을 약화시킬 수 있으므로 전략추진 역량을 결집하여 전략과제와 목표성과의 조정과 경영자원과 사업역량 집중화를 통해 전략실행의 상대적 우위성을 추구한다.

셋째, 선제적 원칙

선제적 원칙은 기습작전과 동일한 개념의 사업 추진역할이다. 경쟁기업이 예측하지 못하는 조건의 전략과제와 목표성과를 설정하여 시간적 신속성과 전략추진 방향의 불예측성 조건으로 전략과제를 추진한다. 혁신적이고 창의적인 전략을 수립하여 선제적으로 전략과제와 목표를 추진하여 사업 선도력을 확보하고 사업경쟁력의 기선을 선점한다. 소비시장에는 선발기업과 선도제품의 이미지가 형성되어 시장경쟁력과 점유율을 선도하고 있으므로 성장잠재력이 큰 시장과 제품을 선제적으로 개발하여 혁신적 방법의 마케팅촉진 활동으로 전략을 추진하여 시장점유율을 향상 시킨다.

넷째, 공방의 원칙

공방의 원칙은 사업분야와 목표시장의 성장 잠재력이 클 경우 다수의 기업 간에 시장선점을 위한 치열한 공방이 발생된다. 경쟁기업과 비교되거나 이해득실에 따라 전략적 공격과 방어 또는 견제와 협력을 병행하여 시장성장 입지구축과 경쟁력을 확립한다. 그러나 미래사업 환경변화를 무시하고 일관된 성장전략을 추진하거나 경쟁기업 견제를 목적으로 전략적 기대가치가 상실된 목표를 추진할 경우, 실효성이 상실되어 경영위기에 당면할 수 있다. 공방의 원칙을 추진하기 위해서는 정제된 전략과제와 목표성과를 선정하고 전략추진 체계를 시스템화하여 전략관리 실효성과 목표성과 수준을 향상시켜야 한다.

다섯째, 융통성 원칙

융통성 원칙은 경영전략 환경이 급격하게 변화될 경우에 적용되는 방법이다. 경영자원과 사업역량 변화, 대체재 산업 태동과 잠재시장 성장촉진, 경쟁기업 출현과 사업의 저성장기가 도래할 때, 전략방법의 다각화로 상황에 맞는 전략모델을 설정하여 추진하는 방법이다. 사업 환경변화 패러다임에 최적화된 사업전략을 신속하고 정확하게 구축하여 융통성 있는 전략방법을 추진하여 목표성과를 달성한다. 일정한 틀과 원칙만을 강조하는 수직적인 사고력보다는 수평적인 상상력으로 목표성과 관점을 다차원적으로 전환시켜 융통성 있는 전략성과 달성을 추진한다.

여섯째, 기습의 원칙

기습의 원칙은 예측할 수 없는 방향과 방법으로 전략모델과 목표를 설정하여 추진하는 역할이다. 선제적 원칙과 융통성 원칙이 일정한 패러다임의 전략과제와 목표성과가 설정되는데 반해 기습의 원칙은 산업환경 변화와 시장성장 방향과 역설적인 관점을 탐색하여 신속하고 기습적인 방법으로 전략을 추진한다. 경쟁기업의 허점을 직관적으로 판단하거나 사업성장 패러다임을 정확하게 예측하여 타 기업들의 대응이 불가능한 체계로 전략을 수립하여 추진한다. 경쟁기업의 전략체계를 분산시키거나 시장경쟁력의 기선을 제압한 후, 기업의 전략 추진력을 집중화시켜 기습적으로 성장잠재력이 큰 신사업 개발과 사업구조 조정 등의 전략을 추진한다. 기습의 원칙으로 전략을 추진할 경우에는 전략과제와 목표성과의 변동성으로 전략체계의 일관성이 상실될 수 있으므로 전략과제와 목표성과 관리의 연속성 추진이 필요하다. 기습의 원칙 적용과정에서 상황예측이 잘못될 경우에는 전략 실패원인이 될 수 있으므로 의사결정에 필요한 정보를 충분히 확보하여 전략추진 방향을 설정한다.

핵심과제 요점정리 & 학습관점 도출

경영전략 결정 원칙

전략원칙	전략 실행
목표의 원칙	• 산업성장 패러다임, 소비자 욕구충족, 지속성장과 경쟁력 • 사업개발과 조정, 기대가치와 잠재가치, 자원과 역량개발 • 제품개발과 시장경쟁, 매출과 영업이익, 이미지와 인지도
집중화 원칙	• 사업수월성과 역량우월성, 전략추진 집중화와 전문성 • 사업통합성과 목표과제 융합성, 전략 로드맵 다변성 • 경영자원과 사업역량 전문화, 조직협력과 업무동기 유발
선제적 원칙	• 불연속·불예측성 전략, 사업 선도력과 경쟁수월성 추진 • 혁신적 창의성 전략과제, 시장경쟁과 점유율 향상 • 상시적·주기적 전략추진, 대상 제한성과 시간적 신속성
공방의 원칙	• 전략체계와 목표 일관성, 상대적 우월성과 성과 전문성 • 전략적 공격과 견제력 방어, 과제 실효성과 목표 성취력 • 잠재적 가치 활성화, 규모의 경제 선점, 시차적 효용성
융통성 원칙	• 경쟁력과 환경변화에 대응, 대체재와 사업역량 변화관리 • 긍정환경 성장촉진, 부정환경 위기관리, 신속성과 정확성 • 목표과제와 관점 전환, 수평적 사고력 활성, 잠재력 향상
기습의 원칙	• 예측불허의 혁신적 전략, 선제적 융통성 패러다임 활용 • 귀납적 방법을 추구, 상대적 대응과 목표 탐색적 추진력 • 경쟁기업 기선제압과 선도적 전략, 성장과 경쟁력 관리

1. 경영전략 검토

기업은 다양한 이해관계자의 영향력과 사업환경에 의해 경영전략 방향이 설정된다. 경영자와 조직원, 주주와 지역사회, 소비자집단과 거래선 등의 이해관계자와 사업모델과 소비시장, 시장규모와 경쟁능력, 사업 성장주기 등 사업환경에 의해 전략과제와 목표성과를 설정한다. 이해관계자들의 경영전략 성과지향 관점이 전략설정 및 전략실행 단계의 내용 간에 차이가 발생될 경우에는 통합·조정을 통해 일관된 경영전력 체계를 확립하여 추진한다. 이해관계자들의 입장과 기업의 경영전략 지향성이 상충되는 경우에도 주주와 경영자, 조직원과 소비자, 지역사회 의견을 수렴하여 전략방향을 검토한다. 이를 위한 이해관계자의 지향성 검토과제는 다음과 같다.

첫째, 주주 지향성

주주는 사업경영권을 행사하는 대주주와 사업 수익성을 추구하는 일반 투자자가 있다. 대주주는 기업의 장기실적 중심의 지속성장성을 목표로 하면서 사업규모의 경제성 원칙기반 확립을 추구한다. 일반 소액주주는 단기실적 중심의 주가상승과 순이익의 주주배당을 지향하고 있다. 이러한 주주들의 지향성 차이에 의해 장기 전략과제와 목표성과 설정, 사업투자 규모와 성과달성 방법, 경영자원 운영과 사업역량 관리방향 설정에 민감하게 반응하므로 이에 대한 조정과 합리적인 방향 설정이 필요하다.

둘째, 경영자 지향성

경영자는 기업의 지속성장성과 중·장기 발전을 위한 사업모델

개발 및 영업이익의 극대화를 추구한다. 신사업의 개발과 사업구조 조정, 기술연구와 신제품 개발, 생산공정 혁신과 원가관리, 시장개발과 유통경로 관리, 고객 만족도와 서비스 관리, 목표성과 달성을 위한 경영자원의 합리적 운영과 기업문화 활성화를 추진한다.

셋째, 조직원 지향성

조직원은 기업의 경영전략 추진 실체로서 기업 지속성장성과 글로벌 경쟁력 확립을 도모한다. 목표성과 실행을 위한 전문역량 개발과 업무동기와 몰입행동을 활성화시켜 혁신적이고 창의적인 업무시스템으로 기업의 미래 성장성을 추진한다. 기업의 지속성장성 모델을 기반으로 목표실현 방향을 추구하고 사업모델의 안정화 기반에서 고용안정성 확립을 추구한다. 노사 간의 갈등으로 기업과 조직원이 대립관계에 당면할 경우에는 사업의 지속성장성과 미래가치 지향의 기업문화를 활성화시켜 기업에 대한 기대가치와 조직협력을 향상시킨다.

넷째, 소비자 지향성

소비자는 기업이 판매하는 상품과 서비스를 최종적으로 선택하여 효용성과 만족도, 기대가치 충족도를 확립한다. 소비시장을 성장시키는 중추적 기능을 수행하는 집단으로 기업의 존립성과 사업 성장성을 견인한다. 소비자 욕구충족을 위해 기업과 제품 이미지 선택, 제품특성과 서비스 충족도 평가, 기업정보 수렴과 제품정보 확산의 메신저 역할을 한다. 소비시장의 성장성 견인과 제품의 성장주기 변화에 관여한다.

다섯째, 지역사회 지향성

　지역사회는 기업 경영활동의 공간적 위치와 사업기반 시설인 도로망, 전력, 상·하수도, 상권을 조성한다. 지역사회 문화와 규범, 가치관을 확산시켜 기업경영 활동을 지원하거나 규제하는 역할을 한다. 인적자원 육성과 공급망 형성, 사업 활동에 필요한 원·부재료와 사무비품 등의 조달환경을 조성하여 기업경영 활동을 지원한다. 기업의 사회책임 역할의 이미지 평판과 더불어 지역사회 요구도를 수렴하여 기업에 관련 정보를 제공하는 공생적 관계를 형성한다.

　경영전략 설정을 위한 이해관계자 관리관점은 다음과 같다.
① 주주이익을 보장해주는 전략과제와 목표설정
② 기업 지속성장성을 추구하는 사업모델 개발과 성과관리
③ 조직원 자긍심과 귀속성 향상의 인재상과 인적자원 육성
④ 소비욕구 충족과 만족도 관리, 시장동반 성장관계 형성
⑤ 지역사회 규모 확장과 지역사회 문화 확산 방안을 검토한다.

핵심과제 요점정리 & 학습관점 도출

경영전략 이해관계자 지향성

관계성	전략과제 관리
주주 영향력	• 실권적·수익적 영향력, 사업구조와 계열분화 지향성 • 규모의 경제와 이익창출 프로세스, 자산투자와 주가변동 • 장기성장과 단기실적 균형성, 미래 산업변화와 사업수익
경영자 목적	• 전략적 리더십과 목표관리 의사결정, 통합적 커뮤니티 • 소유경영과 전문경영자, 중·장기 발전과 단기 사업모델 • 사업구조 혁신과 사업역량 전문화, 경영자원 전문성
조직원 지향성	• 전략실체와 지속성장성 관리, 업무동기와 몰입행동 촉진 • 인적자원 육성과 전문성, 혁신과 창의적 기업문화 • 글로벌 경쟁력과 목표추진력, 고용안정성과 직업만족도
소비자 욕구	• 사업 방향성과 기업성장 견인, 동기유발과 욕구충족 행동 • 본성지향성과 개인차 의사결정, 인지양식과 정서성 행동 • 이미지와 효용성 추종, 만족과 관계성행동, 정보 교감성
지역사회 공존성	• 기업생존 기반확립, 기업문화와 업무규범 견인 • 지향가치 공존과 업무역할 협력, 이미지와 평판도 향상 • 동반성장과 공생력, 경영활동 공간과 지역발전 지원

2. 경영전략 구성

경영전략에는 전략과제의 지향성 관점과 전략요소의 목적성 관점에 의한 전략과제와 목표성과가 설정된다. 지향성 관점의 전략은 신사업분야와 사업모델과 구조조정 등이 사업모델 관련 전략이다. 사업구조와 관련되어 기업 비전 실현과 미래 사업성장 환경

변화에 부응하기 위한 전략과제가 설정된다. 목적성 관점의 전략은 신기술과 신제품 개발, 잠재시장 발굴과 시장성장성 관리, 매출액과 영업이익 달성을 추진하는 전략 방향성이다. 전략과제의 지향성과 목적성 관점의 전략방법에는 우월성 전략과 경쟁력 전략, 전문화 전략과 차별화 전략이 수립되어 추진된다. 전략방법의 특징은 다음과 같다.

첫째, 우월성 관리

우월성 관리는 생산제품과 영업방법이 시장에서 우월성이 확립되도록 생산기술과 제품 이미지 등을 관리한다. 생산기술과 제품특성, 판매방법과 유통기관, 서비스 방법 등의 상대적인 수준을 향상시켜 우월성이 발현되도록 한다. 우월성 향상을 위한 추진역할은 다음과 같다.

① 핵심 기술연구과 제품개발 역량의 우월성을 확립시켜 제품선호도와 제품이미지 향상을 추구함
② 제품특성과 제품디자인, 생산방법과 생산원가, 제품품질과 내구성의 우월성 확보, 시장경쟁력과 시장성장성 견인
③ 제품홍보와 광고, 고객만족과 서비스 우월성을 확립시켜 영업망 확장과 시장점유율을 향상시킴
④ 판매방법 다양성과 유통경로 전문화 등의 영업방법 우월성 확립으로 매출액 증가와 영업이익 향상을 추진함

둘째, 경쟁력 관리

경쟁기업 또는 동종사업 집단에 대한 수월성 확보와 절대적 목표치에 부합되는 제품특성과 이미지 개발로 시장경쟁력을 관리한

다. 경쟁기업 등이 수월성 조건에 미달된 경우에는 경쟁력의 기준이 될 수 없으므로 절대적 목표치를 설정하여 경쟁력 판단기준으로 설정한다. 경쟁력 전략은 생산사업 부문과 영업사업 부문에 중점적으로 적용된다, 생산사업 부문의 경쟁력 전략은 기술개발과 제품설계, 제품사양과 제품이미지, 생산방법과 제품품질 등의 수월성을 추진한다. 영업사업 부문의 경쟁능력 전략은 유통기관과 경로, 판매방법과 고객관리, 광고·홍보와 마케팅촉진 등의 수월성 확립을 도모한다. 경쟁력 관리 추진과제는 다음과 같다.

① 규모의 경제성 기반의 경쟁력을 위한 설비투자 규모와 생산능력 적정성 추진
② 생산기술과 제품특성의 경쟁력 강화를 위한 기술연구와 제품개발, 공정자동화와 생산성 관리 기반확립
③ 생산원가와 판매가격의 경쟁력 향상을 위한 원·부재료 조달과 생산공정 효율성 관리
④ 제품 판매망과 유통기관 전문화, 유통경로와 고객서비스 차별화에 의한 경쟁력 향상으로 매출액 증가와 시장성장성을 추진한다.

셋째, 전문화 관리

전문화 관리는 기업 경영활동의 중추적인 기능을 수행하는 생산자원과 인적자원, 영업자원을 전문화시켜 시장경쟁력과 성장성을 추진한다. 생산자원은 연구능력과 설계기술, 제품사양과 디자인, 초도생산과 양산시스템을 전문화시킨다. 인적자원은 직무능력과 숙련도, 업무동기와 몰입행동, 인재육성과 경력관리, 능력개발과 교육훈련 방법을 전문화시킨다. 영업자원은 상권과 소비자 정

보, 소비계층과 고객관계성, 제품이미지와 선호도, 유통기관과 경로, 서비스 능력과 고객만족 수준, 광고·홍보와 마케팅촉진 활동을 전문화 시킨다. 생산·영업·인적자원 전문화의 관리방향과 추진역할은 다음과 같다.

① 생산자원 전문화를 위한 기초기술 연구와 상용기술 개발, 제품설계 사양과 제품구성 사양, 생산방법과 공정 프로세스 표준화, 작업공수와 설비가동 능력의 표준화
② 영업자원 전문화를 위한 시장성장성 분석과 소비자행동 연구, 마케팅촉진 활동의 차별화·다양화·세분화와 시장경쟁력 관리
③ 인적자원 전문화를 위한 직무표준화와 업무시스템 구성, 직무가치 설계와 핵심역량 분류, 직무수행요건과 경력개발제도 운영, 직무단위 정원관리 체계 구축

넷째, 차별화 관리

차별화 관리는 제품과 시장, 소비자와 마케팅촉진 역할의 차별화를 통해 시장경쟁력과 점유율 향상을 추진한다. 시장성장성 관리를 위해 소비계층 세분화와 제품특성과 기능의 차별화 관리로 제품선호도와 인지도를 향상시킨다. 시장경쟁력과 점유율 향상을 위해 마케팅촉진 활동과 유통기관, 고객서비스와 제품가격, 판매방법 차별화를 추진한다. 차별화 관리 추진방법은 다음과 같다.

① 소비시장별 생산기술과 제품특성, 제품사양과 제품품질 차별화로 제품 선호도 향상과 매출액 증가
② 소비계층별 제품브랜드와 디자인, 제품이미지 차별화로 소비시장 확장과 시장성장 잠재력 향상

③ 유통기관과 경로, 판매방법 차별화로 소비시장의 제품 소구력 향상을 추진한다.

핵심과제 요점정리 & 학습관점 도출

경영전략 구성과제

관리과제	추진과제 지향성
우월성 관리	• 본원적 수월성과 상대적 차별성, 전략추진과 성과수준 • 핵심기술과 제품가치, 상징성과 이미지, 브랜드 창출 • 제품특성과 품질수준, 유통기관과 촉진역할, 정보가치 • 소비욕구 충족과 동기유발, 시장경쟁과 점유율, 매출이익
경쟁력 관리	• 사업집단의 견제력, 전력목표 수월성과 성과실현 가능성 • 미래 산업환경 부합성, 생산기술과 마케팅전략 혁신성 • 제품특성과 영업방법의 창조성, 소비자 본성동기 충족성 • 생산기반과 시장점유율 차원, 시장성장성과 수익성 수준
전문화 관리	• 경영전략과 경영활동, 생산기술과 제품속성, 제품가치 • 인적자원과 사업역량, 인재육성과 경력개발 프로세스 • 신 상권과 시장개발, 유통기관과 경로, 재무자산 관리 • 사업구조와 위기관리 방법, 혁신경영과 창조성 역량
차별화 관리	• 대상기준과 역할 차별성, 목표와 성과의 상대적 우월성 • 소비자 계열화와 제품다원성, 문제조정과 시스템 모델링 • 제품속성과 가격 세분화, 고객관계성과 교류정보 세분화 • 소비자 욕구충족 차별화, 지각반응행동 세분화 관리

3. 경영전략 가치모델

 경영전략 가치모델은 경영전략 지향성의 구조적 가치와 사업운영 부문의 성과에서 도출되는 기대가치 수준이 가치모델로 구성된다. 구조적 가치는 경영전략 과제의 기업 지속성장성과 목표성과의 미래가치 지향성에서 파생된다. 사업운영 가치모델은 관리사업 부문의 경영자원과 사업역량의 효율성, 생산사업 부문의 생산기술 수준과 생산 공정시스템의 체계성, 영업사업 부문의 판매촉진 활동과 시장경쟁력 관리 프로세스 전문화 수준에 의해 설정된다. 전략과제의 중요성과 목표성과의 기대가치 수준이 본원적 가치로 설정되고, 사업부문별 성과관리 역할과 성과내용의 활용성, 파급효과 등이 잠재적 가치로 분류되어 경영전략 가치모델로 구성된다. 기업 지속성장성을 가치모델 총량으로 설정하여 전략과제와 목표성과에 의한 미래사업 성장기반 조성의 차원이 본원적 가치 크기이고, 사업부문의 성과관리 활동에서 파생되는 기대가치 차원을 잠재적 가치 크기로 분석하여 경영전략 균형성과 전략추진 일관성 방향을 설정한다. 본원적 가치와 잠재적 가치의 지향성은 다음과 같다.

 첫째, 본원적 가치
 본원적 가치는 기업의 내재적 가치와 구조적 자원에 대한 가치수준이다. 경영전략의 근간이 되는 사업유산과 기업 브랜드, 사업분야와 기반, 사업규모와 경영능력의 절대적·상대적 위계에 의해 가치모델이 산출된다.

 ① 사업모델과 성장잠재력, 사업투자 확장성과 사업구조 조정

환경의 가치사슬
② 기업전통과 사업유산, 기업성장성과 인지도, 기업의 사회적 영향력과 평판도 가치수준
③ 미래 사업성장 경영전략 과제지향성과 목표성과 기대치와 파급효과
④ 사업지속성장 환경과 사업투자 잠재력, 조직의 안정성 등의 총체적 가치크기이다.

둘째, 잠재적 가치

잠재적 가치는 사업운영 기반에서 파생되는 가치수준이다. 본원적 가치기반의 연계성과 사업부문별 실행성과에서 파생되는 가치모델이다. 지원효과와 본원적 가치의 성과달성 효과에서 파생된다.

① 전사적 전략과제와 목표성과의 사업부문별 목표과제 연계성과 성과내용의 기대가치 수준
② 사업부문의 목표과제 미래가치 지향성과 목표성취도 차원
③ 경영자원과 사업역량의 내재적 가치와 성과관리 파급 효과
④ 기술연구와 제품설계, 생산설비와 생산능력, 제품특성과 품질 수준의 가치사슬과 부가가치
⑤ 시장개발과 마케팅촉진 역량, 유통기관과 경로, 서비스 활동의 가치사슬과 총량적 가치수준이다.

경영전략 과제와 경영활동에 연결되는 가치사슬은 전략목표와 성과단위에 따라 가치크기가 구성된다. 경영전략과 지속성장성, 전사적 전략관제와 사업부문 목표과제 연계성, 사업분야와 규모의

경제적 가치 생산성 등의 본원적 가치크기에 따라 경영전략 가치모델의 전략적 우위성이 설정된다. 제품특성과 소비시장의 통합성, 생산사업 부문과 영업사업 부문의 지원성, 제품과 서비스 시장수요와 소비자 반응성, 영업경쟁력과 영업이익 달성수준 등의 잠재적 가치수준에 따라 경영자원 운영 패러다임이 설정된다. 전략과제와 목표성과 추진력, 성과관리 방법과 역할의 적정성, 목표과제 실행 학습효과와 성취성, 사업부문별 목표성과 공유성과 기대가치 확장성 등이 경영전략 가치모델의 우선순위 결정요인으로 작용된다. 생산규모 확장성과 생산시설 가동률, 사업입지와 설비투자 환경, 정부규제와 제도적 지원방법 경영전략 가치모델의 영향요인으로 분류된다.

경영전략 가치모델이 고차원화 될수록 사업성장과 성과지향성이 강화되고 미래성장 사업모델이 개발되어 기업 지속성장성을 향상시킨다.

핵심과제 요점정리 & 학습관점 도출

경영전략가치 영향요인

전략가치	영향요인
본원적 가치	• 사업업종과 신산업 분야, 사업규모와 사업역할 • 사업개발과 투자, 확장성과 가치사슬, 경영자원과 역량 • 기술축적과 설계능력, 생산설비와 생산능력, 시장 확장성 • 유통기관과 물류네트워크, 고객관계망과 충성도 수준
잠재적 가치	• 미래 산업 성장성과 라이프 사이클, 원·부재료 조달시장 • 기업이미지와 제품인지도, 고객지향성과 사회적 책임감 • 기업문화 가치와 조직협력도, 전략 추진력과 성과수준 • 경영자 리더십, 의사결정 능력, 인적자원 구성과 숙련도

경영전략 가치모델

전략가치	전략과제	가치관리
경영자원 가치	기업가치	• 사업성장 환경, 지적재산 축적도, 경영활동 성취도, 소비시장 친화력, 경영전략 추진력
	생산자원	• 생산기술과 제품특성, 생산설비와 생산능력, 생산방법과 제품품질, 공정관리 프로세스
	영업자원	• 시장규모와 상권구조, 시장경쟁력과 점유율, 유통기관과 영업전략, 제품판매와 영업이익
	경영자원	• 인적자원, 직무능력, 운영자금 규모와 회전율, 목표인재 관리와 육성방법, 인사제도
경영전략 가치	전략관리	• 목표성과와 기대가치, 성과활용과 잠재가치, 기업성장성과 영향요인, 미래사업 지향성
	우월성	• 핵심 생산기술, 시장요구 관리, 제품특성과 서비스, 지속성장 모델
	경쟁력	• 기술과 제품, 생산능력과 품질, 물류와 유통기관, 생산원가 판매가격
	전문성	• 기술연구 능력, 제품설계 기술, 제품특성과 사양, 생산방법과 공정프로세스
	차별성	• 제품속성과 이미지, 제품디자인과 효용성, 판매가격과 소비계층, 고객서비스

4. 포트폴리오 전략모델

포트폴리오 전략모델은 전략과제와 목표 단위를 세로방향의 Y축과 가로방향의 X축에 두고 각 축의 분면을 1 분면과 4 분면 또는 9 분면으로 분할하여 각 분면에 대한 전략과제와 목표성과 지향성 및 성과 측정성, 성과산출 효과와 활용성 패턴에 대한 차원의 개념을 측정지수 분석도구로 설정한다. 전략과제와 목표성과의 분면위치와 측정과제들의 분산도 형태에 따라 전략적 특성과 지향성을 분석한다. 각 분면의 포트폴리오에서 전략계획의 기대가치와 전략실행결과 현황분석, 분산도 편차와 영향요인을 분석한다. 포트폴리오 모델의 Y축은 전략과제와 목표내용으로 구성하고, X축은 전략효과 또는 기대성과 내용으로 구성한다. 측정과제 표기는 Y축과 X축 내용을 교차시킬 수 있으나 양 축에 구성되는 과제와 내용은 상호 연관성이 있어야만 전략적 의사결정 내용을 분석하거나 목표성과 영향요소와 작용력을 평가할 수 있다. 포트폴리오 분석모델을 마케팅촉진 활동에 적용시킬 경우 Y축은 시장성장성, X축은 시장점유율로 구성한다. 포트폴리오 모델 분석단계에서 Y축과 X축을 1분면으로 분할된 경우에는 측정과제의 측정위치와 분산도 형태에 의해 특성을 분석한다. Y축과 X축이 4분면으로 분할된 경우에는

○ 1·1 분면은 저 성장성과 저 점유율
○ 4·2 분면은 고 성장성과 저 점유율
○ 2·4 분면은 저 성장성과 고 점유율
○ 4·4 분면은 고 성장성과 고 점유율을 나타낸다.

4분면 포트폴리오 모델의 포지션별 시장성장성 Y축과 시장점유

율 X축의 지형성 모형과 작용력 도표는 다음과 같다.

	Y축	
	4・2 분면	4・4 분면
	1・1 분면	2・4 분면

X축

분면	특징	포트폴리오 지향성과 작용력
1・1	저성장 저점유	• 신사업과 신제품 개발, 사업구조와 시장재편 • 제품특성과 가격차별화, 품질과 서비스 세분화
4・2	고성장 저경쟁	• 사업계열별 전문화, 제품다양성과 가격차별화 • 제품・서비스 차별화, 시장세분화와 고객차별화
2・4	저성장 고점유	• 사업통합, 신사업 개발, 대체재와 보완재 생산 • 기술과 제품전문화, 유통기관과 고객관계 관리
4・4	고성장 고점유	• 제품과 시장다양화, 제품이미지와 선호도 관리 • 제품과 서비스 전문화, 시장확장과 고객만족도

전략과제와 목표성과 내용의 포지션인 포트폴리오 모델에 의한 분석과제는 다음과 같다.

① 내부역량의 균형성과 향상성 관리
② 기업성장성과 기술개발, 제품개발 방향 설정
③ 시장경쟁력과 영업이익률, 사업성장성 관리
④ 미래 사업 성장환경과 사업성장 잠재력 관리
⑤ 자금수요와 시설투자 규모 등의 균형관리 기준을 측정한다.

포트폴리오 모델을 활용하여 시장경쟁력과 투자 수익률 분석을 위한 Y축과 X축 측정과제는 다음과 같다.

첫째, 시장경쟁력 관리 측정요소
시장경쟁력 관리를 위한 측정요소는 소비시장 환경과 시장경쟁력, 생산역량과 영업능력, 사업역량이 영향요인으로 작용되므로 관련 요인의 측정요소를 Y축과 X축에 배치하여 분석한다.
- 시장환경은 사업성장×시장규모, 유통기관×소비계층, 경쟁기업×시장점유율 분석
- 경쟁능력은 제품특성×제품가격, 마케팅촉진×매출이익, 제품이미지×시장점유율 분석
- 생산역량은 기술개발×제품개발, 공정능력×생산원가, 생산품질×부가가치 분석
- 기업역량은 목표성과×경영자원, 사업업종×사업다각화, 기업문화×이해관계자 분석을 한다.

둘째, 투자수익률 분석 측정요소
투자수익률을 분석하기 위한 측정요소는 투자효율성과 운영자산, 예산배분 관리와 성과산출 실태 등이 영향요인으로 작용되므로 관련 요인의 측정요소를 Y축과 X축에 배치하여 분석한다.
- 투자효율성은 영업이익×손익분기점, 설비투자×자금회전율, 시설투자 규모×생산능력 변동성 분석
- 운영자산은 고정자산×유동자산, 투자자산×운영자금 분석
- 예산배분은 전략과제별×전략목적별, 전략시기별×전략대상별, 사업개발×구조조정, 생산예산×영업예산 분석 등으로 각 변수 영향요인과 작용력을 측정한다.

핵심과제 요점정리 & 학습관점 도출

포트폴리오 분석과제

분면	특징	작용력
시장 경쟁력	시장환경	• 사업성장과 시장규모, 유통기관과 소비계층 • 경쟁기업과 시장점유율, 매출액과 영업이익
	경쟁능력	• 제품특성과 제품가격, 영업전략과 매출이익 • 사업역량과 경영자원, 제품이미지와 선호도
	생산역량	• 기술연구와 제품개발, 공정능력과 생산원가 • 생산품질과 부가가치, 생산방법과 제품수율
	기업역량	• 목표성과와 경영자원, 업종과 사업 다각화 • 경영자 리더십, 재무자산과 자금회전율
투자 수익률	투자 효율성	• 영업이익과 손익분기점, 설비자금과 생산능력 • 사업 투자규모와 자금회전율, 투자자산 수익성
	운영자산	• 고정자산과 유동자산, 운영자금 안정성 • 생산자금과 영업비용, 생산원가와 영업이익
	예산배분	• 전략개발과 목표관리, 전략시기와 전략대상 • 사업개발과 구조조정, 생산사업과 영업사업

5. 경영전략 방향

경영전략은 기업의 지속성장성과 미래 성장사업 지향적인 경영활동의 핵심적인 요소이다. 기업의 미래사업 성장방향과 성과목표, 성과추진 과제와 실행방법, 성과내용과 실행시기가 체계적으로 구성되어 전략방향이 설정된다. 경영전략 방향과 영향요인은 산업환경과 경쟁기업의 동태, 기업의 경영자원과 사업역량에 따라 어떤 사업모델을, 어떤 방향으로, 어떤 경쟁력이 확립되도록, 사업을 어떻게 실행하여 무엇을 추구할 것인가를 설정하여 중·장기적인 사업추진 방향과 단기적인 사업실행 내용을 설정하여 사업을 전개시킨다. 경영전략의 전개과정에서는 사업 추진역할도 중요하지만 사업과제와 목표성과 실행도 중요하다. 사업 성장기반 확립과 지속성장성 관리, 사업다각화에 의한 글로벌 경쟁력 확립과 영업목표 달성에 의한 수익성 실현도 검토되어야 한다.

기업의 지속성장성 관리는 산업환경과 시장성장 잠재력에 영향을 받는다. 기존 사업의 성장성 관리는 사업 심화관리와 사업투자 관리 전략을 추진하고, 신사업의 성장성 관리는 잠재시장 개발과 사업다각화 관리 전략을 추진한다. 저성장 사업환경 등 위기국면에 당면한 경우의 사업성장성 관리는 신제품 개발에 의한 시장점유율 향상, 사업 다양화에 의한 위기 영향요인 분산, 시장관리 기능통합과 관리역량을 전문화시킨다. 기업의 지속성장성을 추진하는 전략전개 과제는 다음과 같다.

첫째, 사업심화 전략

사업심화 전략은 기존 사업의 운영체계를 전문화시키거나 경영자원과 사업역량의 적정성을 관리하여 사업성과 향상을 추진하는 역할이다. 사업기반 조성과 운영체계 확립, 기술연구와 제품개발 전문화, 기업 이미지와 제품 인지도가 고도화를 통해 사업 지속성장성을 추진한다. 사업전략 프로세스와 성과관리 시스템, 제품특성과 기능 다양화, 제품품질과 서비스 전문화, 시장경쟁력과 시장점유율 향상을 통해 매출액과 영업이익을 증가시킨다.

둘째, 사업투자 전략

사업투자 전략은 기존사업의 심화 또는 신사업의 성장잠재력을 향상시켜 사업규모 확장과 사업계열을 다양화시키는 전략이다. 심화된 사업분야에 계열투자를 하거나 연관된 사업분야에 집중투자를 하여 사업성장성과 경쟁력을 향상시킨다. 미래사업 성장잠재력이 큰 사업부문의 예측투자와 잠재시장에 투자하여 시장성장성 견인, 경쟁기업에 대한 시장점유율 견제투자와 대응투자를 한다. 생산사업 부문의 신제품 개발과 생산설비 투자 및 제품생산성 향상, 영업사업 부문의 시장세분화 관리와 시장점유율 향상, 마케팅 촉진 활동과 잠재시장 개발을 통해 시장경쟁력을 향상시킨다.

셋째, 사업다각화 전략

사업다각화 전략은 시장성장 환경에서 사업업종과 사업분야의 다각화를 통해 기업성장성을 추구하거나 시장경쟁력을 향상시킨다. 사업분야 다각화는 사업 연계성이 큰 분야를 선택하여 사업분야 확장을 추진하거나 관련 업종의 신사업분야에 투자한다. 사업다각화 전략에 의해 사업 연계성이 낮거나 사업 성장주기가 분산될 경우에는 경영전략 실행에 소요되는 경영자원과 사업역량이 분산되어 효율성이 떨어진다. 이로 인해 경영자원의 불균형성이 심화될 경우 경영위기를 초래할 수 있으므로 사업다각화 방향설정에 유의하여야 한다. 사업다각화를 위한 사업부문간 연계성은 기술연구와 제품개발, 생산방법과 생산공정, 제품품질과 시장개발, 마케팅촉진과 유통기관 등의 동질성과 시너지 효과 크기를 분석하여 우선순위를 분류한다. 저성장기 산업환경에서 사업다각화는 고성장주기에 있는 연관 사업분야 또는 타 사업분야를 대상으로 다각화시켜 기존 사업의 저성장주기에 의해 파생되는 경영위기 국면을 회복시킨다. 연관사업 또는 타 사업분야 다각화를 추진할 경우에는 경영자원과 사업역량이 사전에 확보되어야 관련 전략을 추진할 수 있다. 사업추진 역량이 부족한데도 불구하고 타 사업분야의 다각화를 추진할 경우에는 사업규모를 슬림화시켜 고성장기와 저성장기 산업환경 변화에 탄력성이 확보되어야 한다.

넷째, 제품다양성 전략

제품다양성 전략은 판매촉진과 시장점유율 향상을 위해 추진된다. 고성장기 시장의 제품다양성과 저성장기 시장의 위험분산과 잠재시장 개발을 위해 제품다양화를 추진한다. 제품다양화 방향은 제품특성과 기능, 제품종류와 사양, 제품용도와 디자인, 제품품질과 가격 등을 대상으로 추진된다. 핵심적 생산기술과 생산 공정표준화, 제품생산성과 품질향상을 통해 실현된다. 제품다양성 전략 추진과제는 다음과 같다.

① 제품특성과 소비계층별 소비시장 포트폴리오 관리
② 저성장기와 고성장기 제품의 전략적 믹스와 가격 차별화
③ 소비계층과 시장포지션별 제품개발, 판매촉진 활동과 서비스 차별화, 유통기관 세분화와 유통경로 전문화
④ 경영자원 공유와 시장집중화 관리, 핵심 소비계층 중심의 판매촉진 활동을 추진한다.

다섯째, 잠재시장 개발전략

잠재시장 개발전략을 추진하기 위해서는 생산기술 특화와 제품특성과 이미지 고도화, 제품 기대가치와 효용성 향상이 뒷받침 되

어야 한다. 제품원가 절감에 따른 가격경쟁력 확보와 유통경로와 기관의 다양성에 의한 시장접근성 향상을 통해서도 개발된다. 기업이미지 향상과 제품서비스 전문화를 통해 소비자 욕구충족과 기대가치 향상, 제품판매 지역 확장과 소비계층 다양화를 통해서 잠재시장을 개발한다. 잠재시장의 소비계층을 세분화하여 각 계층에 특화된 제품기술과 제품사양, 가격수준과 품질, 서비스와 유통방법으로 시장수요를 창출한다. 소비자욕구를 충족하는 마케팅 전략으로 새로운 상권 발굴과 고객을 확보하여 시장성장성 추진한다.

여섯째, 시장 지배력 전략

시장 지배력 전략은 시장점유율과 기업의 경영위기 관리 측면에서 추진된다. 생산기술과 제품품질의 고도화, 생산능력과 생산방법 효율화, 생산설비와 생산공정 프로세스 표준화를 통해 제품특성 전문성과 제품품질 고급화를 추진한다. 마케팅 촉진방법 다각화와 제품이미지 고급화, 유통경로와 기관의 전문화를 추진하여 시장경쟁력을 확보하고 서비스 다양성과 소비자욕구 충족성, 제품의 기대가치와 만족도를 향상시켜 시장경쟁력을 강화시킨다. 그리고 소비자 요구도의 선제적 탐색과 기업이미지 확산, 고객관계 관리와 제품 선호도를 향상시켜 시장 점유율을 확대시킨다.

일곱째, 시장통합 전략

시장통합 전략은 시장성장성이 둔화될 경우 사업 위기관리 측면에서 지역별·제품별·유통경로별로 시장을 통합하여 시장 성장성과 경쟁력 향상을 추진한다. 제품계열별로 시장을 통합하거나 소비자 계층을 중심으로 시장을 통합한다. 제품특성이 전문화되고 시장경쟁력을 갖춘 제품은 소비자계층 중심으로 시장을 통합하고,

시장점유율과 경쟁력이 낮은 제품은 제품계열별로 시장을 통합한다. 시장 통합과정에서 일부기능의 슬림화가 필요할 경우에는 다음의 과제를 추진한다.

① 핵심사업 부문의 내부역량 파악과 아웃소싱 과제도출, 외부자원 활용방향성 검토
② 중·장기 전략과제의 고성장기 사업과 저성장기 핵심과제를 도출하여 내·외부 자원 활용방향과 기준 설정
③ 경영자원에 대한 외부자원 활용방법과 시기, 외부자원 개발방법과 사업역량 수준관리, 정보보안 시스템과 운영체계를 확립한다.

여덟째, 시장전문화 전략

시장전문화 전략은 새로운 사업분야에 진출하거나 성장잠재력이 큰 시장을 개발하여 시장성장성을 추진하는 전략이다. 제품특성 차별화와 소비계층 세분화, 유통기관 전문화와 유통경로 다양성을 통해 시장을 전문화시킨다. 제품생산 능력과 기술수준, 제품브랜드와 기업이미지에 의해 시장경쟁력이 확보되고, 생산기술 선도력과 제품특성 전문화, 유통경로 다양성과 유통기관 전문화를 통해 시장점유율과 시장경쟁력을 향상시킨다. 시장성장성 관리를 위한 소비계층 세분화와 욕구충족 방법 차별화, 고객서비스 전문화와 고객만족도를 향상시킨다. 시장전문화를 위한 상권 권역의 수평적 네트워크 구축과 생산·물류·유통기관의 수직적 계열화, 시장·제품·소비자 정보호환 시스템 구축과 쌍방향 커뮤니케이션을 활성화시킨다.

핵심과제 요점정리 & 학습관점 도출

경영전략 추진과제

분야	전략과제	전략방향
사업 전략	사업심화	• 사업성장성 관리, 경쟁력과 매출액 향상 • 기업이미지와 제품인지도 고도화, 지속성장 관리 • 신기술과 신제품 개발, 제품 고급화와 다양화
	사업투자	• 사업규모 확장, 성장잠재력 확충, 사업계열 분리 • 잠재시장 성장견인, 경쟁기업 대응력, 규모경제 • 미래 산업투자, 생산규모 확장과 시장세분화
	사업 다각화	• 기업성장과 시장경쟁력, 연계사업 계열분리 • 기술과 제품개발, 마케팅 촉진, 유통기관 전문화 • 경영자원과 사업역량 집약, 사업규모 슬림화
생산 전략	제품 다양성	• 판매촉진과 매출이익 포트폴리오, 소비시장 집중 • 생산기술과 공정표준화, 원가절감과 가격차별화 • 본성동기의 욕구충족, 고성장 제품이미지 전문화
영업 전략	잠재시장 개발	• 제품특성과 품질계열화, 유통기관과 경로 다양화 • 소비욕구 충족과 서비스 강화, 소비계층 계열화 • 기대가치와 효용성 향상, 사업모델 변화와 혁신
	시장 지배력	• 기술과 제품 고도화, 규모 경제성, 경영위기 타개 • 생산능력과 생산원가, 기업이미지와 제품브랜드 • 소비동기와 행동탐색, 기대가치와 욕구 충족성
	시장통합	• 제품계열과 시장통합, 소비계층과 서비스 통합 • 제품특성과 유통기관 전문화, 시장중심 제품특성 • 지역·제품·유통경로별 시장경쟁력, 핵심역량 강화
	시장 전문화	• 미래 산업 시장개발, 유통기관과 경로 전문화 • 소비계층 세분화, 욕구충족 차별화, 기술 선도력 • 사업역량 수평적 네트워크, 경영자원 수직계열화

경영전략 포지션

구분	포지션	전략관리
성장 전략	기존시장	• 사업심화 전략, 사업투자 전략
	신시장	• 잠재시장 개발전략, 사업다각화 전략
위기 관리	지속성장	• 시장지배력 전략, 제품다양화 전략
	위험분산	• 시장 통합전략, 시장전문화 전략

제 4 장
경영전략 구성

 중·장기 경영전략 실행은 전략과제와 목표성과, 전략 로드맵과 전략실행 방법에 의해 추진된다. 전략추진 과정에는 기업의 내·외부 환경 영향요인으로 작용되는 미래 산업성장성과 사업경쟁 관계, 소비시장과 정부정책, 경영자원 등에 따라 전략내용이 통제·조정된다. 경영전략 타당성이 확립되고 전략과제와 목표성과가 명료하게 설정되었더라도 내·외부 환경변화에 의해 전략실행 과정에 문제점이 도출되거나 새로운 기회요인과 위협요인이 파생된다. 전략 환경변화에 대응하거나 부응하기 위해 전략내용과 실행방법의 변화·조정이 필요하다. 전략실행 과정에 파생되는 영향요인들의 특성과 형태에 따라 정태적 관점과 동태적 관점의 경영전략을 구성하거나 다음과 같이 전략실행 방향을 조정한다.

 첫째, 정태적 관점
 정태적 관점은 전략계획과 전략 추진방향에 관계되는 내용에 의해 전략구성 방향이 설정된다. 전략과제의 구조적 측면과 목표성과 지향성과 성과단위가 정태적 특성을 나타낸다. 기업 경영활동의 구조적 시스템이며 전략추진 역할을 규정하는 규범과 표준

매뉴얼이다. 정태적 관점의 전략실행 과제는 내·외부 환경요인을 최소화시켜 전략추진 방향의 일관성과 지속성이 유지되도록 관리한다. 정태적 전략과제의 구성은 다음과 같다.

① 지속성장성 측면의 사업분야와 사업범위의 명료화
② 경영자원의 중·장기적 활용방향과 방법, 사업역량 수준관리
③ 생산과 영업측면의 사업방향과 사업내용, 사업시기와 역할, 성과방법과 성과내용, 사업성과 활용기준을 설정한다.

둘째, 동태적 관점

동태적 관점은 중·장기 경영전략 실행역할과 운영 프로세스이며, 정태적 관점의 전략과제와 목표성과를 달성시키는 실행내용이다. 산업환경과 사업모델, 시장성장과 시장경쟁에 관여되는 경영자원과 사업역량 등의 수준이다. 중·장기 전략추진 과정에서 동태적 요인이 파생될 경우에는 경영전략 과제와 전략요소의 조정과 실행시기와 실행방법의 조정이 필요하다. 동태적 환경에서 전략과제 실행의 우선순위는 경영자원의 충족요건과 사업역량의 수준에 의해 조정된다. 이 경우 경영전략 과제와 목표성과로부터 기업이 미래에 도달하고자 하는 구체적인 방향에 의해 동태적 전략구성 요건과 운영방향, 성과활용 방안이 설정된다.

핵심과제 요점정리 & 학습관점 도출

경영전략 구성 관점

구분	전략과제 지향성
정태적 관점	• 전략구조와 목적성, 전략추진 도구, 전략 일관성과 지속성 • 실행계획 타당성과 명료성, 기회도출과 환경변화 대응 • 사업범위와 분야 구체성, 경영활동과 범위, 전략역할 체계
동태적 관점	• 사업과제와 운영체계, 환경변화 모델, 사업성과 변화관리 • 사업영향요인, 경영자원과 사업역량 조정, 전략 추진역량 • 경영자원 분배와 활용방안, 사업성장과 경쟁력 계열분리

1. 전략계획 단위

경영전략 계획은 미래 기업성장 모델구현과 사업성장성 관리 패러다임의 추진방향이다. 사업 환경변화 선도와 사업운영 프로세스 구축, 당면한 불확실성 환경 대처와 목표성과 관리, 사업 경쟁력과 사업성장성 향상, 매출액과 수익성 향상을 추진한다. 성과관리 방법과 역할을 설정하여 전략계획의 실행력 향상과 사업경쟁전략을 지원하는 경영자원과 사업역량의 전문화를 추진한다. 불확실성 환경의 경영위기 관리과제는 다음과 같다.

① 경영성과 악화요인 통제·조정과 현 상태 유지 과제 추진
② 사업성과 고도화 지향의 전략과제와 목표성과 추진과 신사업 분야 및 수익률 향상 모델 개발

③ 경영자원과 사업역량 기반의 전략과제와 목표성과 추진체계를 확립한다.

경영전략 계획은 시간적 구분 단위에 따라 장기계획과 중기계획, 단기계획으로 구성된다. 전략역할의 성격에 따라서는 전략계획과 운영계획, 예산계획으로 구성된다. 전략계획의 질적 수준에 따라서는 전략계획과 전술계획, 특수계획으로 분류된다. 전략계획의 관계성에 따라서는 확정계획과 연동계획으로 구성된다. 전략계획의 지향성은 다음과 같다.

첫째, 기간단위 전략계획

기간단위 전략계획은 장기·중기·단기계획으로 구분된다. 구간단위별 소요기간은 전략추진 기간의 총합에 근거하여 분류된다. 전략기간에 대한 절대적인 분류기준은 없으며, 총 전략계획 기간의 장·단과 전략과제 추진 난이도, 전략과제와 목표성과 활용시기에 따라 전략계획 기간이 탄력적으로 조정된다. 전략계획 구간별 목표지향성은 다음과 같다.

① 장기계획은 전사적 사업모델 조정을 위한 신사업 개발과 투자, 사업통합과 사업 계열분리 전략이 구성된다. 동종 및 연관사업 인수와 매각 등 사업구조를 변화시키거나 사업분야를 조정하는 전략을 추진하여 사업규모 확장과 특정 사업분야를 전문화시킨다. 저성장 사업을 포기하거나 혁신적인 방법으로 사업구조를 조정하여 사업규모와 생산제품, 시장성장성을 변화시키거나 전략추진 성과를 향상시킨다.

② 중기계획은 사업부문별 목표과제 관리를 위한 생산체제 효율화와 시장성장성 관리에 목표를 둔다. 생산사업 부문의 생산기술 개발과 제품연구, 생산시설 확장과 축소, 영업사업 부문의 신시장 발굴과 유통기관 전문화, 제품이미지와 마케팅촉진 체계를 구축하여 시장경쟁력과 점유율을 향상시킨다. 시장성장성 견인을 위해 생산원가와 제품 품질관리, 공정프로세스 구축과 생산설비 능력을 향상시킨다.

③ 단기계획은 사업부문별 목표과제 성과달성과 사업성과 관리 프로세스를 운영한다. 기업의 문제점 개선과 사업 효율화에 목표를 두고 생산능력과 공정 효율성 향상, 공정프로세스와 작업방법 개선, 생산 문제점 개선과 제품이미지 관리를 통해 시장점유율 향상을 추진한다.

둘째, 성격단위 전략계획
성격단위 전략계획은 전략역할 효율화와 전략실행 방법의 체계화를 도모한다. 전략성과 달성 기준이 되는 전략목표 계획과 사업운영 계획, 예산편성 계획이 있다.

① 전략목표 계획은 중·장기 전략으로 추진되는 전략과제와 목표성과 추진방법 및 경영자원과 사업역량의 적정성 관리 프로세스가 구축된다. 목표성과 달성을 위한 전사적 전략과제와 사업부문별 성과관리 시스템의 일관성과 연계성 관리 체계가 구축된다. 전략추진 계획의 효율화와 추진체계의 합리화, 사업전략 실행력을 향상시킨다.

② 사업운영 계획은 전략목표와 계획내용의 체계화 및 경영자원 관리 시스템 적정성을 추구한다. 사업성과 향상을 위해 사업목표 달성을 견인하는 인적자원의 역량개발과 생산능력 및 판매계획의 균형관리, 신사업 성장성과 제품개발 방법을 체계화하여 전략계획 내용의 추진력을 향상시킨다.

③ 예산편성 계획은 중·장기 전략실행에 요구되는 재무적 재원의 안정성과 운영예산의 균형성을 관리하며 전략과제와 목표성과 관리 추진력을 향상시킨다. 예산편성 적정성과 예산자금 조달계획, 사업운영자금 회전율과 사업자금 안정성을 관리한다.

셋째, 질적 수준의 전략계획

질적 수준의 전략계획은 경영전략 패러다임의 전략계획과 전략실행 프로세스의 전술계획, 특정목적 지향성을 추구하는 특수계획이 있다. 전략계획의 지향성은 다음과 같다.

① 전략계획은 사업구조와 제품개발, 시장성장과 마케팅촉진 방법, 기술개발과 공정프로세스 개선, 사업구조와 사업모델을 변화시켜 사업성장성을 추진하거나 전사적 사업모델과 사업부문별 전략추진 프로세스를 구축한다. 미래사업 성장성의 불확실 환경요인을 예측하여 지속가능 성장성 관리 체계를 확립한다.

② 전술계획은 전략계획에서 파생되는 단기계획을 목표과제로 설정하여 사업부문별로 목표관리 시스템 구축과 실행방법을 설정한다. 전략계획에서 추진하는 사업방향에 따라 실행 가능한 목표과제와 성과내용을 설정하여 목표성과를 달성한다.

③ 특수계획은 전략계획 환경이 산업의 난기류 현상, 고성장과 저성장 주기의 교란현상이 발생되는 등 특수한 조건에서 수립되는 전략계획이다. 전략계획의 다차원성과 전략역량의 전문화를 도모하여 전략계획의 혁신성과 창의적 기반을 구축한다. 전략과제의 체계화와 전략시스템의 구조화를 통해 합리적인 전략방향과 방법을 설정하여 전략목표 달성과 성과 실행력을 향상시킨다. 특수전략 계획기간과 실행시기를 정형화시키기 보다는 환경변화에 신속히 대응하도록 동태적인 특성으로 구성하고 전략계획과 전술계획에 연동시켜 전략추진력을 향상시킨다.

핵심과제 요점정리 & 학습관점 도출

전략계획 단위

전략계획	전략과제
기간단위 전략	• 난이도별 전략계획 구간, 시간구분의 로드맵 체계 • 장기 사업모델과 목표방향, 중기 전략과제와 목표성과 • 단기 실행계획과 업무방법, 상대적 구분단위 실행모델
성격단위 전략	• 전략추진 역할의 패턴, 목표지향성과 추진역할 계획 • 전략방향과 실행방법의 패턴, 전략운영과 추진 동력 • 사업환경변화 대응과 성장모델 구현, 사업운영 시스템
질적 수준 전략	• 전략과제 지향가치와 목표성과 수준, 전략추진 영향요인 • 전략과제 기대치와 사업성장 견인력, 사업역량 전문성 • 특정목적의 잠재적 가치, 미래사업 성장모델 실행력

전략계획 지향성

분류	계획단위	지향성
기간 단위 전략	장기계획	• 신사업 개발과 사업모델 구축, 전략추진 방향성 • 전략과제와 목표도출, 전략성과 질적가치 구성
	중기계획	• 사업계열화와 생산기반 구축, 기술과 제품개발 • 잠재시장 발굴과 마케팅촉진, 목표시장경쟁력
	단기계획	• 현안문제 개선과 사업효율화, 생산기반 안정화 • 제품이미지와 시장점유율, 매출액과 영업이익률
성격 단위 전략	목표계획	• 전략과제와 경영목표, 사업성과, 사업 프로세스 • 경영자원과 사업역량, 목표성과 수준과 추진동력
	운영계획	• 전략목표와 성과과제 연계성, 경영자원 배분방법 • 생산능력과 판매계획 균형성, 기술·제품 활용성
	예산계획	• 전략실행 예산규모, 재무자산 운영효율과 안정성 • 예산수요와 공급시차, 예산조달과 이익환원성
질적 수준 전략	전략계획	• 미래 사업개발과 성장성, 신기술과 신제품 연구 • 사업구조와 생산규모, 시장개발과 마케팅촉진
	전술계획	• 사업계열 조정과 혁신관리, 자원과 역량 전문화 • 정성·정량 목표관리, 생산성과 시장성장성
	특수계획	• 미래 성장사업 예측, 포화시장 난기류 환경 대응 • 전략계획 다차원, 전략추진 혁신과 창의성 기반

2. 전략계획 연동성

　경영전략 계획연동성은 전사적 총괄계획과 사업부문별 기술개발과 제품개발, 시장개발과 시장점유율 전략계획을 연동시켜 전략과제와 목표성과 추진의 일관성과 경영자원과 사업역량 운영체계의 효율화를 도모한다. 전사적 지속성장성 전략과 사업부문별 사업운영 체계 전문화와 역량강화 체계를 수직적 시스템으로 연계시켜 전략 추진 시너지 효과와 성과달성 효율화를 도모한다. 전사적 관점의 총괄계획은 미래성장 사업기반 확립을 위한 업무네트워크와 시스템 체계를 확립하여 사업 지속성장성을 추진한다. 사업부문별 전략계획은 기술·시설·제품·생산·품질·시장·고객·유통·서비스·인력관리·역량개발 등의 개별적 현안의 핵심과제 수행과 문제점 개선, 경쟁력과 성장성 관리를 위한 전략계획이 수립된다. 사업부문별 전략계획이 세분화되거나 전사적 전략과 괴리가 발생할 경우에는 사업목표 지향성이 분산되어 전략추진력이 낮아지므로 연동성 관리가 중요하다. 중·장기적인 관점에서 전사적 계획과 사업부문 계획을 연동시켜 전략추진력과 목표성과 관리 시너지 효과를 증대시키고 경영자원 활용의 효율화를 도모한다. 전략계획 연동방안은 다음과 같다.

① 기업 비전과 사업개발 중·장기 경영전략을 3년~4년 주기로 변화·조정하여 전사적인 경영전략 추진방향 명확성
② 중·장기 전략과제와 목표성과 일치성과 사업추진 방향과 성과관리 시스템의 동질성 향상
③ 사업부문 전략의 목표과제와 성과, 전략내용과 방법 및 성과

관리 과제인 기술과 제품, 생산방법과 품질, 소비시장과 소비자, 서비스와 만족도의 연동성 향상

④ 전사적 전략과제와 사업부문별 목표성과의 지향성과 실행방법 연계성 향상

⑤ 거시적 관점의 전사적 전략목표와 미시적 관점의 사업부문별 목표내용의 연계성과 경영자원과 사업역량 활용성 향상

⑥ 전사적 전략과제 공유와 협력으로 미래 성장사업 개발과 사업부문별 성과추진력을 향상시킨다.

핵심과제 요점정리 & 학습관점 도출

전략계획 연동

계획연동	지향과제
전략분야 연동	• 전사 및 부문전략 연동, 전략 네트워크와 시스템 계열화 • 전략목적과 성과 동질성, 사업계열화와 사업역량 전문화 • 전사전략 지속성장성과 부문전략의 핵심과제 융합성
전략관리 연동	• 전략과제와 목표성과 네트워크, 전략계획 계열분리 • 경영자원 공유성과 사업역량 시너지 체계화 • 전략방법과 시기 연동, 제품특성과 마케팅전략 연동

3. 전략계획 유의성

　중·장기 전략계획이 갖는 유의성은 전략과제와 목표성과의 일관성과 실행가능성이다. 전사적인 사업역량을 결집하여 전략계획을 실행하더라도 전략과제와 목표성과가 변경될 경우에는 전략추진력이 떨어진다. 경영자원의 구축과 배분기준 설정이 난해하고 사업역량 전문화와 적정성 관리도 어렵다. 전략실행 계층 간에 커뮤니케이션과 리더십 기능이 떨어지면서 정보오류가 발생되거나 전략실행의 충돌현상으로 전략추진 성과도 낮아진다.

　미래 산업환경 변화로 인해 전략과제와 목표성과의 변화·조정은 규명된 사실이더라도 전략과제와 목표성과 변화·조정에 의해 파생되는 현안과 문제점을 최소화시키는 선결조치가 필요하다. 전략계획 수립과 전략과제 추진, 목표성과 실행과정에서 검토되는 변화·조정의 유의성은 전략과제의 연동성과 중·장기 목표성과 방향의 일관성, 전략 실행성과의 포괄성과 동질성, 미래성장 지향성과 실행방법이 혁신적이고 창의적으로 추진되어야 한다. 이를 위한 전략계획의 검토과제는 다음과 같다.

　첫째, 전략계획 연동성

　전략계획 연동성은 전사적 전략추진 과제와 사업부문의 목표과제 추진 체계가 연동되어야 한다. 전사적 전략과제가 사업부문별 목표성과 내용으로 편제되므로 전략과제와 목표성과의 연동성과 전략추진 프로세스의 동질성이 필요하다. 전사전략과 사업부문 전략이 연동된 목표추진 과제는 상호 보완작용으로 전략실행력과 목표성과 시너지 효과를 증대시킨다. 전사전략은 나무의 줄기와 같고 사업부문 전략은 가지와 같으므로 전략계획이 연계되면서 사업부문별 목표성과의 균형성도 갖추어야 한다.

둘째, 중·장기 전략 일관성

중·장기 전략 일관성은 전략추진 단계의 목표성과 관리 역할과 전략실행 방법의 동질성 요건이다. 전략과제와 목표성과, 전략실행 방법과 전략 추진내용의 일관성이 확립되어야 경영자원 운영과 사업역량 배분의 적정성 관리가 용이하다. 현실과제의 문제점 개선과 미래성장 지향적인 사업개발과 사업성장성 관리, 생산기술 연구와 제품개발의 일관성이 유지되어야 시장성장성 관리가 용이하다. 마케팅촉진을 위한 제품특성 다양성과 시장경쟁력, 소비시장 개발과 소비자 만족도 관리 역할의 일관성 추진도 필요하다. 경영전략 추진과정에 전략과제와 목표성과가 재분류되거나 재조정될 경우 전략 로드맵이 분산되어 전략추진력이 떨어진다. 전사 전략의 목표관리 패러다임을 축으로 사업부문 전략시스템을 구축하여 일관된 전략 추진방향의 구축도 필요하다.

셋째, 포괄적 성과 전략

포괄적 성과 전략은 전략계획 실행과정의 경영자원과 사업역량의 투입과 성과산출, 과제실행 순서와 역할시기, 목표과제 관리방법과 사업효과, 성과내용 활용성 등의 포괄적 추진성향이다. 전략계획 실행효과는 다양한 역할의 패러다임과 영향요인에 의해 다차원적인 성과가 산출된다. 문제점 개선 등 현실적인 조건에 부합하는 효과가 도출되기도 하고, 일정한 시기에는 쓸모가 없으나 시간이 경과되면서 중요한 성과물로 전환되는 등 포괄적인 현상이 나타난다. 전략추진 과제의 특성과 목표성과 내용의 실체적 특징에 기초하여 현재가치와 미래가치, 잠재가치 수준과 사업성과 활용패러다임을 분석하여 포괄적 측면의 질적 가치와 양적성과 수준을 도출하여 전략효과를 향상시킨다.

넷째, 미래 성장성 전략

미래 성장성 전략은 전략계획의 추진방향을 기업이 중·장기적으로 발전할 미래상과 미래사업 성장모델 개발에 초점을 두고 전략체계를 구성하는 전략계획의 방향성이다. 당면한 현안의 문제점 개선과 더불어 중·장기적인 사업 지속성장성이 추진되는 전략계획을 우선적으로 수립하여 추진하는 방법이다. 기업이 발전해 가야 할 미래모델을 선정하여 목표성과 달성을 위한 경영자원 투입과 성과관리, 성과역할과 시기, 성과도출과 미래사업 기반 확립을 추진한다. 미래 성장지향성을 추구하는 전략과제와 목표성과, 성과 실행 방법에 대한 계획을 수립하여 전략 로드맵 체계에 따라 목표성과 달성을 추진한다. 이에 부합하는 경영자원과 사업역량의 적정성 및 충족성을 관리한다.

다섯째, 혁신성 창의 전략

전사적 전략과 사업부문 전략계획이 혁신적이고 창의적인 전략으로 추진되도록 설정한다. 일상적이고 보편적인 전략추진 프로세스를 운영할 경우에는 당면과제와 현실적인 문제점 개선은 가능하다. 그러나 글로벌 산업환경에서 초스피드 시대의 초격차 전략을 추진하여 미래사업 성장성을 추구하기 위해서는 현실적 가치 지향성 보다는 미래가치 지향성 전략이 추진된다. 이를 위해 미래사업 성장성을 지원하는 잠재적 가치 기반의 혁신과제 발굴과 창의적인 성과관리 프로세스를 구축하여 글로벌 사업성장성을 추진한다. 도출된 혁신적 전략과제와 창의적 목표성과 과제의 실행력이 낮을 경우에는 다차원적 전략계획에 융화시켜 새로운 패러다임의 전략과제와 목표성과로 전환시켜 추진한다. 전략과제와 목표성과의 혁신성과 창의성이 추구되고, 성과관리 방법과 실행역할에 대한 도전성과 협력성이 확립되는 전략계획이 수립되어야 전략실행력을 향상시킬 수 있다.

핵심과제 요점정리 & 학습관점 도출

전략계획 유의성

구분	전략 유의성
전략계획 연동	• 전사전략과 사업부문 전략과제, 전략성과 관리 프로세스 • 사업분야별 성과관리 역량의 보완성, 전략실행 시너지 • 전략과제 균형성과 전략실행 네트워크, 전략추진력 향상
중·장기 전략 일관성	• 중·장기 전략과제와 목표 일관성, 사업모델 미래지향성 • 기술연구와 기술개발, 제품이미지와 마케팅전략 체계성 • 사업개발과 성장성 관리, 시장개발과 경쟁력 관리방법
포괄적 성과전략	• 사업역량과 경영자원 투입과 산출효과, 전략역할과 일정 • 사업방법과 사업효과, 전략계획과 성과관리 패러다임 • 전략추진 방법과 전략 로드맵, 사업개발과 성장성 관리
미래 성장성 전략	• 미래 성장예측 사업모델, 사업성장 전략과제와 목표 • 기대가치와 잠재적 가치설계, 가치관리 프로세스 구축 • 사업성장과 경쟁력 관리방법, 전략성과 활용과 확산성
혁신성 창의 전략	• 초스피드 경영환경의 초격차 전략과제와 목표성과 관리 • 현실의 문제점 개선, 혁신과제와 창의적 성과프로세스 • 글로벌 사업성장성, 경쟁기업군과 차별화 기술개발

제 II 부
경영전략 실행방법

제1장. 경영전략 환경
제2장. 경영전략 과제
제3장. 경영전략 구조
제4장. 경영전략 포지션
제5장. 경영자원 평가
제6장. 경영전략 계획
제7장. 경영전략 실행

제 1 장
경영전략 환경

  경영전략은 기업의 미래성장성을 지향하는 경영관리 방법의 한 축으로서 사업업종 선택과 사업모델 개발, 경영관리 프로세스와 경영자원 관리, 사업역량개발 체계를 구축한다. 기업의 미래 사업 성장성을 견인할 신사업 발굴과 사업투자 방법설정, 목표 추진과제와 성과관리 방법을 설정한다. 기업이 당면한 현안의 문제점 도출과 개선관리, 사업경쟁력과 사업성장성을 추진한다.
  글로벌 사업성장 환경에서는 신속한 의사결정으로 초격차 성장전략을 추진하게 된다. 미래 성장 사업예측과 잠재시장 추론으로 기업의 지속성장성 전략수립을 추구한다.
  경영전략 환경은 사업분야와 경영목표, 사업관리 방법과 업무역할을 선택하는 기준으로 경영전략 구성의 중요한 영향요인이다. 급속히 변화되는 난기류 환경을 정확하게 예측하고 추론하여 미래전략 방향과 사업운영 모델을 구현하는 의사결정 과제이다. 기업이 당면한 사업환경이 불확실하고 불연속적으로 전개되더라도 다차원적인 환경 영향요인의 정보를 활용하여 정확한 미래사업 환경예측과 추론이 필요하다. 미래사업 성장환경 예측이 불명확할 경우, 경영전략 과제와 목표선정의 불확실성이 증가되어 전략추진을 반감시키므로 미래사업 환경예측과 추론능력을 향상시켜야 한다.

핵심과제 요점정리 & 학습관점 도출

경영전략 환경영향요인

전략요인	지향성 관리
미래 성장성	• 사업모델과 경영프로세스 구축, 미래성장 사업 발굴 • 경영자원 운영체계 구현, 글로벌 환경 초격차 전략
지속 가능성	• 사업 방향성과 사업목표 명료화, 사업역량 전문화 • 초격차 기술개발과 신제품 개발, 소비자 욕구 충족성 • 난기류 환경예측, 위기관리 시스템, 변화와 혁신관리
산업환경예측	• 글로벌 산업성장성과 전략패러다임 정보DB 관리 • 수직적 의사결정 시스템과 수평적 커뮤니티 네트워크

1. 산업환경 영향요인

　기업과 산업은 상호작용과 교호관계의 영향력에 의해 성장과 변화를 추구한다. 산업성장은 국제정세와 국가정책, 산업자원과 경제규모의 영향력에 의해 성장되면서 기업성장을 견인한다. 기업성장은 산업환경 영향력과 기술개발, 제품과 서비스 생산, 소비자 욕구충족과 교환가치 실현을 통해 성장되고 산업성장을 지원한다. 새로운 패러다임의 제품개발과 잠재시장 발굴, 마케팅촉진 활동과 시장경쟁력 관리에 의해 기업성장성이 가속된다. 산업성장이 기업

성장을 견인하는 기회요인으로 작용되고, 기업 지속성장성은 산업성장과 발전의 영향요인으로 작용된다.

경영전략 수립과정에는 기업성장 전략에 의한 산업성장성 예측보다는 산업환경 영향요인 변화에 의한 기업성장성을 예견하거나 성장 기회요인과 위협요인을 탐색한다. 거시적 산업환경 요인이 미시적인 기업성장성에 더 크게 작용되기 때문이다. 기업성장을 견인하는 산업환경 요인은 미래기술 지향성과 산업자원 영향력, 경제성장 사이클과 정부정책 지향성, 노동시장 환경 등이 있으며 분석과제는 다음과 같다.

첫째, 미래기술 지향성

미래기술 지향성은 시대정신과 대비되는 개념이다. 시대정신은 현재의 사회적 가치를 지향하는데 반해 미래기술은 창의성과 상상력을 바탕으로 한다. 미래의 관념을 형상화하여 이를 논리적이고 실용적인 프로세스를 구현하는 기술이다. 인간의 보편적 삶은 행복을 추구한다는 주제의식을 기반으로 우주관과 자연관, 사회관과 생물관, 철학적 사조와 심리적 관념이 작용된다. 신기술 개발과 창조성 제품생산, 소비자 본성과 욕구충족 시스템 구축을 추진하는 사업모델을 설정하여 경영전략을 수립한다. 산업성장 패러다임은 인간의 행복과 미래 환경변화에 작용되는 실체적인 기술에 바탕을 두고 실행되고 있다. 인간의 삶을 윤택하게 하는 기술발전과 호기심을 자극하는 다소 몽환적인 기술을 개발하는 비윤리적인 측면도 내제되어 있다. 미래 원천기술 연구패러다임 구축과 기초 및 상용기술 개발로 신사업 발굴과 지속성장성을 추진하는 경영전략 탐색이 필요하다.

둘째, 산업자원 영향력

산업자원은 미래 기술의 실현 가능성을 뒷받침한다. 혁신적인 창조 기술이 개발되더라도 산업자원이 확보되어야 사업화가 가능하다. 산업자원이 부족할 경우에는 한계생산 현상에 의해 제품의 시장수요와 공급, 생산원가와 판매가격의 불균형이 유발된다. 산업성장을 둔화시키고 산업자원을 독점하는 국가와 기업이 시장경쟁 기능을 왜곡시킨다. 산업자원은 거시적 관점에서 수요와 공급 능력, 조달과 활용, 원가와 품질에 작용하여 사업모델과 성장전략 프로세스를 구현한다.

셋째, 경제성장 사이클

경제성장 사이클은 미래기술과 산업자원, 정부정책과 소비시장이 연동된다. 거시적 측면의 경제성장성은 산업의 글로벌화 수준과 국제정치 환경, 상호주의 경제와 교역환경 영향요인이 작용한다. 미시적 측면의 영향요인은 기술발전과 소비자행동, 가처분 소득과 산업자원의 유동성 등이 있다. 경제성장성은 거시적 환경과 미시적 영향요인의 이해관계가 대립과 갈등, 협력과 공존관계에 의해 실현된다. 고 성장기의 경제성장 사이클이 거시적 측면과 미시적 측면의 환경변화로 인해 저성장 환경으로 급변하거나, 저성장 환경이 고성장 환경으로 변화되는 현상들이 주기적으로 나타난다. 기업 지속성장성을 추진하는 경영전략 수립을 위해 경제성장 사이클 예측과 추론이 중점과제로 부각되고 있다. 빅 데이터를 활용하는 인공지능 시스템으로 경제성장 모델을 예측하거나 정보분석 전문가들이 예측과 추론을 반복하고 있다. 보편적인 신뢰성이 확보되는 경제성장 사이클을 추론하여 경영전략 과제선정과 목표성과 지향성을 명확히 한다.

넷째, 정부정책 지향성

글로벌 시장의 자유경제 시스템에서도 정부정책 영향력이 작용된다. 산업성장 주도적인 정부정책이 추진될 경우 시장성장성과 경제 활성화 시너지 효과를 유발시킬 수 있다. 정부의 산업성장 정책이 일관성을 유지할 경우에도 산업성장의 견인력으로 작용되고 미래 산업환경 예측력을 향상시킨다. 정부정책이 산업환경과 소비시장 기능을 규제하거나 위축시키는 경우에는 기업의 투자의욕이 상실되어 경영전략 추진을 둔화시킨다. 투자자원이 해외로 이탈하거나 산업성장성을 둔화시키게 된다. 기업의 투자환경은 정부정책의 일관성 유지, 산업자원과 물가지수, 환율과 금리, 경제성장성과 가처분 소득의 안정성과 산업입지와 생산기반 시설의 지원체계가 확립되어야 한다.

다섯째, 노동시장 환경

노동력은 기업의 중요한 경영자원이다. 노동력의 수요와 공급환경, 직무능력과 업무동기, 몰입행동과 성과관리 의욕이 기업성장성을 추진한다. 기업의 노동력은 사업분야와 사업성장 모델별로 분류되며 표준 직무와 핵심역량, 목표과제와 성과관리 능력이 충족되어야 한다. 지역사회의 인구밀집도와 연령계층 분포는 인력수요와 공급에 영향을 미치므로 노동시장의 탄력성이 조성되어야 한다. 노동력을 공급하는 인적자원은 기업의 무한자산으로 분류되어 기업성장성과 기업경쟁력에 영향을 미친다. 기업이 요구하는 인적자원의 구인환경과 산업인력의 공급능력, 채용인력의 직무능력 충족성과 교육훈련 환경도 갖추어져야 한다. 개인의 가치관과 조직귀속성, 직업인으로서의 삶의 목표와 업무동기, 기업문화 수용력과 업무몰입 행동도 노동시장의 영향요인으로 관리된다.

핵심과제 요점정리 & 학습관점 도출

산업환경영향요인

환경요인	전략 지향성
미래기술 지향성	• 미래 환경의 논리적 개념과 형상화 기술의 고도화 • 인간 삶의 보편적 가치와 주체의식, 초격차 생산기술 • 자연과학적 사회화 개념, 소비자본성과 심리반응행동
산업자원 영향력	• 창조적 혁신기술의 패러다임 관리, 핵심역량 전문화 • 시장수요와 공급시스템, 제품 생산성과 생산원가 • 특정자원의 독점성과 시장성장 잠재력, 자원 균형성
경제성장 사이클	• 글로벌화 경제시스템과 국가의 상호주의 지향성 • 미래기술과 산업자원의 연동성 및 시너지 효과 • 인공지능의 시스템 정보 다양성과 전문성
정부정책 지향성	• 시장성장성과 경쟁력, 경제정책 탐색, 성장 견인력 • 정책 일관성과 투자자원의 집중화 및 분산성 • 물가와 환율, 생산자원과 산업입지, 금리변동성
노동시장 환경	• 직무역량과 업무동기화 수준, 업무몰입행동, 책임감 • 취업구조와 노동시간 탄력성, 인력수요와 공급 • 직업 가치관과 삶의 목표 지향성, 기업문화 수용력

2. 산업과 제품 성장주기

　사회의 모든 구성요소는 생성과 소멸이라는 자연법칙이 적용되는 산업 성장주기가 형성된다. 산업이 생성되는 단계를 태동기로 분류하고, 정착단계는 성장기, 활성화 단계는 성숙기, 충족단계는 포화기, 도태와 소멸단계는 쇠퇴기로 구분한다. 산업성장 주기별 특징은 다음과 같다.

　첫째, 산업 태동기 단계
　신기술 발달과 신제품이 개발되어 새로운 소비자 욕구가 생성되는 단계이다. 신산업이 태동하게 되고, 시장성장 잠재력이 큰 산업에 투자가 집중되면서 사업의 확장성이 나타난다.

　둘째, 산업 성장기 단계
　태동기에서 생성된 산업의 성장기반이 확립되는 단계이다. 산업의 지속성장성 관리를 위해 산업분야를 체계화시키고 산업기반을 전문화시켜 글로벌 성장성을 추구한다. 산업성장이 연관 산업분야로 확대될 경우에는 새로운 산업분야가 파생되어 동종 산업분야별로 계열화 현상이 나타나면서 산업규모의 확장과 더불어 산업성장성을 안정화시킨다.

　셋째, 산업 성숙기 단계
　성숙기 산업은 실효성과 경쟁력을 관리하여 성장잠재력을 향상시킨다. 규모의 경제를 표방하고 지속성장성을 위해 투자를 확대한다. 산업성장성과 경쟁력이 정체되는 변곡점에 도달하면 산업분야를 계열화시켜 형태적 동종 산업과 구조적 타 업종산업이 공존하는 융합현상이 나타난다. 성숙기 산업의 변곡점에서 새로운 산업의 계열분리는 산업성장성은 둔화시키면서 새로운 산업패러다임을 도출시킨다. 계열이 분리된 산업 간에 선택적 고성장과 파생적 저성장 현상이 반복되면서 사업투자와 사업성장성 관리의 선택과 집중화가 필요한 현상이 유발된다.

넷째, 산업 포화기 단계

산업규모가 지속적으로 확장되거나 팽창할 경우 포화기 산업으로 전환된다. 산업성장이 정체되고 계열 분리된 산업의 통합현상이 나타난다. 산업경쟁력을 상실할 경우에는 쇠퇴기 산업으로 추락된다. 성숙기 단계의 변곡점에서 기술개발과 제품혁신, 시장 창조역할을 추진하여 새로운 성장패러다임으로 전환시킨 산업은 성장 동력이 회복되어 성장기 산업으로 전환된다. 포화기 산업에서는 신산업 발굴과 사업모델의 다각화, 자본과 기술의 집약도, 글로벌 시장성장과 경쟁력 관리, 기술과 지식의 사업화, 다국적 정보네트워크 망 구축과 산업인재 육성관리를 통해 산업의 지속성장 기반을 확립한다.

산업 성장주기가 불연속성을 나타내면서 일정 구간에서 반복적으로 순환되는 경우에는 산업성장 변화속도와 구간별 체류기간에 따라 다양한 전략을 추진한다. 산업 성장주기의 변화속도가 빠르고 구간별 체류기간이 짧은 경우에는 기업 이미지 관리와 제품홍보, 마케팅 촉진활동을 단기 경영전략으로 추진한다. 산업 성장주기가 느리고 체류기간이 긴 경우에는 신기술과 신제품 개발, 사업다각화와 사업구조 다양화를 중·장기 경영전략으로 추진한다. 저성장 산업분야는 계열별로 통합하고, 고성장기 산업분야는 사업 확장성을 추구하는 경영전략을 추진한다.

산업 성장주기의 순환단계별로 합리적인 경영전략 모델을 개발하기 위해서는 산업성장 영향요인의 분석이 필요하다. 미래기술과 산업자원, 경제성장성과 정부정책, 노동환경과 시장성장 잠재력을 분석한다. 산업 성장주기가 일부 구간에서 반복적으로 순환되는 경우에는 영향요인을 분석하여 순환주기를 통제·조정하는 전략방법을 구성한다.

기업 성장성을 지원하는 제품의 성장주기도 산업 성장주기에 연동된다. 시장규모와 시장성장성, 소비자 욕구충족성과 제품경쟁력, 생산원가와 영업 이익률, 제품유통망과 시장점유율 등이 산업과 제품 성장주기에 연동된다. 제품 성장주기의 단계별 특징과 제품관리 역할은 다음과 같다.

첫째, 제품 도입기 단계

제품 도입기는 신기술과 신제품이 개발되어 소비자 관심과 구매 욕구를 유발시키면서 신제품 시장이 형성된다. 제품의 특징적인 이미지와 선호도 관리가 필요하다. 소비자 호기심과 시장 수요를 유발시키지 못한 신제품은 소비시장에 정착되지 못하고 소멸된다.

둘째, 제품 성장기 단계

제품성장기는 신기술과 신제품에 대한 소비자 관심이 촉발되거나 지속될 경우에 제품 선호도가 증가된다. 시장규모의 확장과 새로운 상권이 조성되면서 성장기 제품으로 진입한다. 제품생산 능력이 확장되고 제품특성의 다양화와 품질수준을 표준화 시킨다. 생산원가 절감과 생산수율 향상으로 제품가격 경쟁력이 형성되면서 시장성장성이 촉진된다.

셋째, 제품 성숙기 단계

제품 성숙기는 성장기 제품의 특성과 기능의 전문화, 제품선호도와 인지도 향상, 시장성장성과 경쟁력이 일정한 패턴으로 지속되는 단계이다. 잠재시장 발굴과 시장성장성 관리, 유통기관과 서비스 전문화 추진, 생산기술과 제품품질 고급화, 제품디자인과 제품효용성, 기대가치와 만족도의 적정성 수준이 관리된다. 성숙기 제품의 시장경쟁력과 시장점유율을 향상시켜 지속성장성을 추구하고 시장경쟁력이 상실되는 제품은 시장성장성이 둔화되거나 시장에서 퇴출된다. 시장경쟁력 상실제품은 대체재와 보완재 제품을 개발하여 시장경쟁력과 시장 점유율을 회복시켜야 한다.

넷째, 제품 포화기 단계

성숙기 제품의 경쟁력이 한계점에 도달하여 제품의 시장성장성이 정체되는 포화기 현상이 나타난다. 포화기 제품은 시장경쟁력이 상실되거나 다양한 동일 유형의 제품등장으로 시장이 양분되거나 시장성장성이 둔화된다. 포화기 제품의 시장경쟁력을 회복시켜 성장기로 전환시키거나, 쇠퇴기로 실행시켜 시장에서 소멸시킨다. 포화기 제품의 시장성장성 관리방안은 다음과 같다.

① 제품특성과 기능의 다각화를 추진하여 시장경쟁력 회복과 시장성장성을 추진한다.
② 선도 기술이 적용된 신제품을 개발하여 시장경쟁력과 시장 점유율을 향상시킨 후, 기존 제품을 시장에서 자위적으로 퇴출 시킨다.

③ 제품브랜드와 이미지의 경쟁력을 갖춘 제품은 성장기와 성숙기를 반복 순환시키는 전략을 추진하여 시장경쟁력과 점유율을 일정 수준으로 지속시킨다.
④ 제품특성 전문화와 차별화가 불가능한 제품은 쇠퇴기로 전개해 시장에서 소멸시킨다.

제품의 시장경쟁력은 신기술 연구와 신제품 개발, 제품특성과 기능 전문화, 제품이미지와 브랜드 전문화, 제품가격 차별화를 통해 향상시킨다. 시장성장성은 잠재시장 발굴과 개발, 제품경쟁력과 점유율 향상, 유통기관과 판매서비스 전문화 관리로 향상시킨다.

미래기술과 산업자원, 경제성장성과 정부정책, 노동환경과 시장성장 잠재력에 대한 영향요인을 분석하여 제품 성장주기의 특정 구간에서 지속성장성이 유지되도록 관리한다.

핵심과제 요점정리 & 학습관점 도출

산업 성장주기 전략과제

성장주기	전략 지향성
태동기 산업	• 산업 성장잠재력과 미래 산업환경예측, 기술자원화 • 신기술과 신제품 개발, 소비자 관심과 동기유발 • 잠재시장 발굴과 성장성 관리, 경영자원과 역량개발
성장기 산업	• 산업기반 전문화 추진력과 사업모델 글로벌화 • 사업 실효성과 경쟁역량 및 규모경제 모델 • 기업이미지와 제품홍보 및 마케팅전략 프로세스
성숙기 산업	• 자본과 기술 집약도와 성장기 사업 변곡점 관리 • 신기술 및 신제품 개발과 사업다각화 추진 • 기술과 지식정보 네트워크 구성과 사업규모 조정
포화기 산업	• 변곡점 관리, 성장산업 계열분리, 정체산업 계열통합 • 생산 기술혁신과 창조성 시장성장 경영, 사업다각화 • 기술집약성과 글로벌 경쟁력, 지식과 기술사업화

제품 성장주기별 전략과제

성장주기	전략과제
도입기 제품	• 미래사업 성장성 예측, 시장규모와 성장잠재력 • 신기술과 신제품 모델링, 동기유발과 욕구 충족성 • 제품특성과 기능 차별성, 제품특성과 이미지 선호도
성장기 제품	• 제품특성과 기능의 전문 및 소비자 기대가치와 만족도 • 유통경로와 기관 전문성, 시장·가격·서비스 차별화 • 시장 확장과 상권 개발, 제품다양화와 가격 경쟁력
성숙기 제품	• 생산기술·생산원가·제품디자인·기업인지도 향상성 관리 • 제품 실용성과 효용성, 상징성과 기호성의 전문화 관리 • 신제품 연구와 개발, 제품 이미지와 특성 전문화
포화기 제품	• 소비자 욕구충족과 감성마케팅과 고객관계 관리 활성화 • 제품이미지와 선호도, 신기술 개발과 신제품 다양화 • 제품특성과 유통경로 전문화, 대체재와 보완재 관리

3. 소비자 반응행동

 글로벌 경영환경에서 소비자 행동은 중요한 경영전략 영향요인으로 분류된다. 소비자 구매동기와 욕구충족 행동이 활발하게 실행되는 산업은 지속적으로 성장하게 되고, 소비자 집단이 외면하거나 무관심한 산업은 쇠퇴하거나 소비시장이 소멸된다. 기업의 중장기 경영전략 수립과 운영과정에는 소비자 행동의 탐색이 필요하다. 소비자 행동은 내·외적 동기요인이 활성화되어 욕구충족 행동이 유발된다. 내적 동기는 소비자 본성인 생물학적 특성과 경험학습 내용이 잠재의식으로 전환된 개인차 속성이다. 외적 동기요인은 외적자극의 지각반응에 의해 유발된다. 소비자의 내·외적 동기요인과 욕구충족 행동지향성을 분석하여 사업개발 및 시장성장성 관리 경영전략 모델을 개발한다. 소비자행동 지향성은 다음과 같다.

 첫째, 내적지향성 행동
 내적지향성 행동은 생물학적 동질정체성과 개인차 속성에 의해 유발된다. 생물학적 동질정체성은 생체적 기능의 균형성과 신체기능의 활성화 요건의 추종 성향으로 소비자 본성이 무의식적 행동으로 유발된다. 개인차 속성은 청소년기 하위문화의 경험학습 내용이 일정한 패턴의 인지양식으로 기억된 잠재의식으로 반복적인 행동의 추종성향을 나타낸다. 내적지향성은 인간의 본성 동기요인의 심인성 행동으로 유발되며, 특정 상황에 대한 욕구충족 행동이 반복성과 연속성, 지속성과 동질성을 추구한다. 소비자 본성과 개인차 속성을 분석하여 소비자행동 패러다임의 예측과 경영전략과제를 도출한다.

　둘째, 외적지향성 행동

　외적지향성 행동은 외적자극에 대한 지각반응으로 유발된다. 새로운 외적자극에 대해 호기심과 감각적인 충동성 행동을 나타낸다. 지각내용이 개인차 속성의 인지양식과 동일한 개념일 경우에는 개인차 속성에 승화되어 반응행동을 나타내지 않는다. 지각내용이 개인차 속성과 다를 경우에만 반응행동을 나타내며 동일한 지각내용이 일정한 주기와 강도로 반복될 경우에는 추가학습이 발생되어 인지양식이 확장된다.

　미래 사업성장 모델과 시장성장 잠재력 분석과 예측을 위해서는 소비자 내적지향성 행동연구가 필요하다. 소비자 본성인 생물학적 특성과 개인차 속성인 인지양식을 연구하여 소비자행동 패턴과 지향성을 분석한다. 소비자 본성에서 지향하는 제품 선호도와 서비스, 욕구충족성 행동패턴을 분석하여, 산업성장성 추론과 사업모델 개발, 시장경쟁력과 시장성장성 관리에 필요한 전략과제를 도출한다.

핵심과제 요점정리 & 학습관점 도출

소비자 반응행동 영향요인

반응행동	목표 지향성
동기유발 행동	• 본성동기 활성화 기저, 욕구충족 행동, 내적지향성 차원 • 개인차 속성과 인지양식, 기대가치와 정서 반응행동 • 외적자극 지각반응 행동, 소비자 충동 행동성향
의사결정 행동	• 본성동기 행동, 개인차 속성 영향력과 지각반응 행동 • 인지양식 강화행동, 정서적 경험학습 중심성 행동 • 지각반응 자극강도 차원과 욕구충족 패러다임 변화
욕구충족 행동	• 생물학적 동질정체성 행동, 욕구충족도 활성화 수준 • 개인차 지행성, 기대가치 선택행동, 인지양식 의존성 • 인지양식 확장성, 지각반응 충동욕구 충족성 행동

제 2 장
경영전략 과제

 경영전략은 현재 사업모델을 미래의 산업환경 변화에 순응시켜 기업의 생존권 확립과 사업의 지속성장성을 관리하는 일련의 과정이다. 현재와 미래의 사업환경, 사업업종과 사업모델, 사업규모와 경영자원, 경영목표와 조직역량, 재무구조와 자본이익률, 생산제품과 시장경쟁력을 분석하여 중장기 사업모델과 전략체계를 확립한다.

 첫째, 미래 사업환경 분석
 미래 사업환경 분석과제는 산업 성장패러다임과 성장잠재력, 글로벌 역량과 사업경쟁력, 시장 규모와 소비자행동 등이다. 분석내용을 활용하여 미래 환경변화 대응 전략과 사업모델을 개발한다.

 둘째, 사업업종과 사업모델 분석
 사업업종과 사업모델 분석과제는 사업분야와 경영환경, 사업 집약성과 시장 분산도, 연구과제와 기술개발 역량, 사업 성장주기와 시장점유율 등이다. 분석내용을 활용하여 사업성장 전략 프로세스를 구축한다.

셋째, 사업규모와 경영자원 분석

사업규모와 경영자원 분석과제는 생산설비 규모와 생산능력, 공정가동률과 부하율, 연구역량과 기술개발 능력, 지식재산권과 사업정보, 기업 이미지와 선호도 등이다. 분석내용을 활용하여 경영전략 모델개발과 전략 로드맵을 구성한다.

넷째, 경영목표와 조직역량 분석

경영목표와 조직역량 분석 과제는 기업성장성과 투자계획, 사업조정 방향과 혁신과제, 기업문화와 조직기능, 인적자원과 전문역량 등이다. 분석내용을 활용하여 경영전략 프로세스를 구성한다.

다섯째, 재무구조와 자본회전율 분석

재무구조와 자본회전율 분석과제는 총자산 구성과 자산운용 비율, 운전자본 규모와 부채비율, 자산 회전율과 자본이익률, 손익분기점과 부채운용효율 등이다. 분석내용을 활용하여 경영전략 모델개발과 자금조달 계획을 수립한다.

여섯째, 생산제품과 시장경쟁력 분석

생산제품과 시장경쟁력 분석과제는 제품계열화와 시장경쟁력, 제품 성장주기와 시장점유율, 생산기술과 제품인지도, 생산원가와 영업이익률 등이다. 분석내용을 활용하여 경영전략 방법과 시스템을 설정한다.

경영전략의 출발점은 전략과제 분석과 도출로부터 시작된다. 미래 사업환경 예측과 현재의 사업모델, 경영목표와 경영실태를 분석하여 바람직한 경영구조 구축과 경영전략 체계를 확립한다. 글로벌 경제시스템의 난기류 경영환경에서는 성장전략과 생존전략, 위기관리와 경영혁신 모델을 구축하여 지속성장성을 추구한다. 고성장기 환경이 지속될 경우에는 사업기회 선점과 사업경쟁력 향상을 위한 경영목표 설정과 전략체계를 확립한다. 경영전략 과제는 현실적인 사업환경에 기초하여 당면한 문제점의 개선과 미래 산업환경에서 예측되는 실행 가능한 사업구조를 탐색하여 설정한다. 현재사업의 지속성장성 관리를 위한 경영혁신 과제와 미래 신사업 발굴을 통한 사업성장성과 경쟁력 향상을 추진한다.

핵심과제 요점정리 & 학습관점 도출

중·장기 경영전략 과제

전략계획	전략 과제
미래 환경 예측	• 현재와 미래 산업환경변화, 산업성장성과 잠재시장 • 글로벌 성장성과 경쟁시장 환경, 신사업 모델개발 • 사업분야와 사업규모, 기술연구와 제품개발 역량
사업분야 관리	• 사업분야별 경영자원과 사업역량, 사업경쟁 환경 • 사업집약성과 시장분산도, 시장규모와 기술개발 능력 • 사업 성장주기와 시장경쟁력, 시장성장성과 점유율
사업규모 관리	• 생산설비 규모와 생산능력, 공정가동률과 부하율 • 제품개발과 유통기관 관리, 기업 이미지와 제품선호도 • 지식재산권과 기대가치, 마케팅 촉진과 영업성과
경영목표 관리	• 기업성장성과 투자계획, 사업조정 방향과 혁신과제 • 경영전략 과제와 목표성과, 성과관리 프로세스 • 기업문화와 조직기능, 인적자원 구성과 역량전문성
재무자산 관리	• 자산구성과 자산운영비율, 운전자본과 부채비율 • 자산회전율과 자본수익률, 운영자금 안정화 수준 • 손익분기점과 부채운용 효율성
제품과 시장관리	• 제품계열화와 시장경쟁력, 생산원가와 영업이익률 • 제품 성장주기와 시장경쟁력, 시장성장성과 점유율 • 기술과 제품인지도, 소비자 동기유발과 욕구총족성

1. 미래 환경예측

 미래 환경예측이란 경영전략 설정을 위해 중장기 사업정보를 파악하는 과정이다. 사업성장기의 현재시점과 미래성장 잠재력을 예측하여 신사업 개발방향과 현재 사업과의 연계성 검토, 사업계열 분리와 통합 가능성을 검토한다. 미래 사업환경은 기업이 필연적으로 당면하는 전제조건으로 경영전략 추진목적에 따라 거시적 환경요인과 미시적 영향요인을 예측하고 추론한다. 거시적 환경요인 예측은 사업의 글로벌 성장을 목적으로 미래 사업환경 변화 패러다임과 성장잠재력을 추론한다. 미시적 영향요인은 미래 사업모델 구축과 시장경쟁력 관리에 목표를 두고 현재사업의 성장주기 추론과 사업성장 방향성을 예측하여 중·장기 경영전략 과제 발굴과 변화관리 시스템 구축방안을 탐색한다.
 미래 사업환경 예측방법에는 산업성장 패러다임을 예측하는 정성적 예측, 사업자원과 사업모델의 관계성을 검토하는 인과관계 예측, 기술개발과 소비심리 변화를 예측하는 시계열 예측이 있다.

 첫째, 정성적 예측법
 정성적 예측은 산업성장 패러다임을 사회과학적 구조로 분석하여 미래 사업방향을 추론한다. 사업 성장성과 성장주기별 경과기간, 기술혁신과 정체주기, 경영자원의 공급과 수요변화 패턴을 분석하여 사업변화 추세를 예측한다. 글로벌 시장규모와 경쟁기업 분포, 사업관리 패러다임과 핵심역량 가치변화, 사업성장 견인력과 연관사업 파급효과를 분석하여 사업모델 개발과 경영전략을 수립한다.

둘째, 인과관계 예측법

인과관계 예측법은 미래 사업자원 변동성과 파생 사업모델의 인과관계를 분석하여 미래 사업구조를 예측한다. 기술축적도와 핵심역량 수준, 사업성장성과 사업화 지형, 시장규모와 미래 제품특성 변화, 사업성장 잠재력과 사업의 글로벌화 패턴을 분석하여 미래 사업모델을 예측한다. 사업투자 역량과 잠재시장 성장성, 신기술과 신제품 개발능력, 사업분야별 소비자 반응행동을 추론하여 사업구조 다원성을 예측한다.

셋째, 시계열 예측법

시계열 예측방법은 기술개발과 제품특성 변화, 소비심리 변화 사이클을 시계열별로 분석한 후, 자연과학적 실체론의 변화를 추론하여 미래사업 규모를 예측한다. 기초기술 연구와 응용기술 개발, 생산기술 개발과 신제품 개발패턴, 생산 공법과 제품품질 변화패턴을 추론하여 사업규모와 사업 계열분리 방향을 설정한다. 소비욕구와 동기변화, 유통경로와 유통기관, 마케팅촉진과 판매관리 활동의 역할수준과 변화주기를 분석하여 글로벌시장 성장잠재력과 경영전략 방향을 예측한다.

미래 사업환경 변화 영향요인 분석과 환경예측 체크포인트는 다음과 같다.

① 환경예측 정보 명확화와 활용방향 구체화
② 환경예측 관점과 기준의 구체화와 분석정보의 모델링
③ 환경예측 정보수집 대상과 시기, 수집방법과 정보원천 규명
④ 미래 예측 정보의 양, 질의 수준평가와 지속적 업로드

⑤ 환경예측 정보 활용목적과 시기분류, 평가기준의 다차원화
⑥ 새로운 환경예측 방법개발과 환경변화의 지속적 모니터링
⑦ 미래 환경예측과 특성분석, 전담인력 선임과 운영
⑧ 미래 사업환경 변화 대응방법과 변화관리 역할을 설정한다.

미래 사업환경 예측과 분석을 통해 지속적으로 변화하는 시대사항에 적합한 경영전략 과제도출과 경영목표 관리프로세스를 설정하여 미래 사업성장 모델을 구축한다. 미래성장 사업에 최적화된 경영전략의 다원화와 창조적이고 혁신적인 변화관리 시스템을 구축하여 미래사업 지속성장성과 현재 사업모델의 위기관리 대응력 향상에 활용한다.

사업의 저성장기는 경량경영, 고성장기에는 글로벌경영과 사업다각화를 추진하게 되는데, 사업 성장주기가 빠르게 변화될 경우에는 기동경영전략을 실행시켜 신속하게 사업구조를 조정한다. 미래 사업환경 예측에 실패할 경우에도 기동경영전략을 추진하여 미래 사업환경 변화단계별 문제점 개선과 대응방안을 수립하여 경영전략 체계를 안정화시켜야 한다.

핵심과제 요점정리 & 학습관점 도출

미래 환경예측 방법

예측과제	예측	예측내용
산업성장 패러다임	정성 예측	• 산업 성장주기, 신사업 개발 방향, 사업연계성 • 기술혁신과 정체주기, 산업자원 공급과 수요 • 글로벌 시장과 경쟁기업, 경영패러다임 변화
산업자원, 사업모델	인과 예측	• 기술축적도와 핵심역량, 시장성장성과 점유율 • 시장규모와 제품경쟁력, 글로벌 시장잠재력 • 경영자원과 제품개발 능력, 사업투자역량
기술과 소비심리	시계열 예측	• 기초기술 연구 패턴, 응용·상용 기술개발 과제 • 신기술과 제품개발 패턴, 생산기술과 생산공법 • 소비자 욕구와 동기, 마케팅 전략과 판매촉진

미래 환경 체크포인트

예측과제	체크포인트
정보관리	• 정보발생 및 생성 원천과 타당성 수준 • 정보 변질성과 메시지 지향성 • 정보속성과 구성내용 및 정보관점 • 정보수집 대상, 시기, 방법, 분류기준 • 정보량과 활용성 및 질적가치 수준
산업환경 패러다임	• 미래 환경 예측모델과 산업패턴 분류기준 • 통계적 예측과 논리적 추론 가능성 • 시계열별 패턴과 창조적 및 구성적 패러다임 • 시스템적 지속성과 네트워크 분야 견인력 • 상징적 패러다임과 실체적 운영모델
미래사업 모델링	• 미래 산업태동 모델과 산업성장 프로세스 탐색 • 사업성장 잠재력과 동종 및 연관사업 파급효과 예측 • 성장사업 모델과 경영자원 예측 • 미래 사업투자 전략수립과 경영목표 도출 • 위기환경 대응과 변화관리 프로세스 구축

2. 기업성장 모델링

  기업 성장 모델링은 지속성장성 관리를 위한 신사업 모델 발굴과 사업발전 방향설정, 사업변화 관리 프로세스 구축을 위해 실시된다. 미래사업 성장성 관리를 위한 중·장기 경영전략 과제와 목표성과 설정, 사업모델과 경영자원 관리방법 설정, 사업관리 로드맵 체계를 구성한다. 경영전략 실행력 향상을 위한 전략과제 분류, 경영환경과 경영자원 영향요인 평가, 사업실행 방법과 방향설정, 사업목표 우선순위와 성과관리 시스템 체계를 확립한다.

  첫째, 중·장기 경영전략 실행
  중·장기 경영전략 실행방향은 미래 환경예측 내용과 경영자원에 근거하여 사업성장성 관리와 사업구조를 체계화한다. 경영전략 추진단계별 현재사업 구조조정과 잠재시장 발굴, 미래 사업역량 개발과 사업관리 프로세스를 구축한다. 이를 통해 기업의 지속성장성과 영업이익 관리, 생산기술과 제품특성 전문화, 기업 인지도와 제품이미지를 향상시킨다.

  둘째, 경영목표와 방침수립
  경영목표와 방침수립은 미래사업 성장성관리 모델과 경영자원에 기초하여 경영활동 방향과 목표관리 방법을 설정한다. 경영목표 성과달성을 위한 신사업 개발과 사업역량 전문화, 목표관리 대상과 방법을 체계화한다. 성과관리 시스템 구축을 위한 전략실행 문제점 개선방법과 변화관리 기준설정, 성과관리 프로세스를 체계화한다.

셋째, 사업모델과 경영자원 관리

사업모델과 경영자원은 경영전략 실행의 충족요건으로서 경영목표 달성방향과 성과향상성을 지원한다. 사업역량 수준에 적합한 전략과제와 전략로드맵을 구성하여 전략실행 단계별로 요구되는 경영자원을 투입하여 전략성과를 향상시킨다. 사업모델별로 요구되는 경영자원은 사업자금 충족성과 조달능력, 인적자원 구성과 역량 전문성, 미래사업 목표인재상과 육성방법, 사업규모 확장성과 사업구조 조정방법 등의 적정성과 경영자원의 적재적소 활용성을 향상시킨다.

넷째, 사업관리 로드맵 체계화

사업관리 로드맵은 경영전략 과제 추진시기와 목표성과 관리역할의 우선순위에 따라 업무시스템 체계가 구성된다. 전사전략과 사업부문 전략 연계성과 시너지 효과, 사업역량과 경영자원 충족성 및 활용시기, 경영전략 패러다임과 목표관리 시스템이 시계열별로 구성된다. 소비시장 환경변화와 기업의 대응능력, 목표과제와 성과관리 우선순위 등을 고려하여 로드맵 체계를 확립한다.

기업성장 모델은 산업환경 변화 패턴과 경영자원을 기반으로 구성된다. 사업성장성 관리를 위한 경영전략 체계가 확립되고 경영목표 실행방향과 사업관리 로드맵이 구성된다. 경영전략 추진과제는 미래사업 성장환경 예측에 의해 도출되고, 목표성과 관리방법은 사업 지속성장성 관리 프로세스와 현재 사업의 구조혁신과 사업역량 전문화를 추진하는 역할로 구성된다. 미래 기업성장 모델을 지향하는 현재 사업구조의 변화·조정과 경영전략 과제 발굴, 경영목표 선정과 전략과제 실행 우선순위를 분류하여 전략 체계를 확립한다. 경영전략 실행에 요구되는 경영자원 수준 점검과 전사적·사업부문별 전략실행에 필요한 사업역량의 적정성 관리, 목표과제 연계성과 성과관리 시스템을 통합시켜 경영전략 실행력을 향상시킨다.

핵심과제 요점정리 & 학습관점 도출

중장기 경영전략 목표관리

목표과제	목표관리	지향성
사업구조 체계화	• 미래 산업예측과 경영자원 관리 • 사업구조와 기술연구 역량 모델링 • 잠재시장 발굴과 관리시스템 구축	• 지속성장성 • 영업이익 관리 • 기술 전문화
경영목표와 방침수립	• 경영체계와 사업성장 방향 확립 • 신사업 개발과 전략요인 체계화 • 의사결정 체계와 목표계획 계량화	• 의사결정 모델 • 목표 우선순위 • 사업성장 기반
사업모델과 자원관리	• 전략 모델과 전략실행방법 설정 • 경영자원 충족과 효율적 운영기반 • 사업관리 전문화와 신사업 육성	• 목표성과 달성 • 사업구조 조정 • 사업 전문성
사업관리 로드맵	• 목표과제 성과관리 시스템 체계화 • 전사 및 부문전략 연계관리 시스템 • 경영전략 패러다임과 시장대응력	• 환경변화 대응 • 성과 우선순위 • 목표추진 역량

경영전략 과제

전략과제	과제관리	지향성 관리
미래 환경예측	• 사업구조 조정	• 사업성장과 영업이익 관리
사업구조 분석	• 잠재시장 발굴과 경쟁력 관리	• 기업인지도와 제품이미지 강화
경영자원 평가	• 기술연구 및 역량개발	• 생산기술과 제품특성 전문화

경영전략 지원 역할

지원과제	지원 역할
경영전략 모델링	• 현재와 미래의 경영구조와 사업모델 차이 분석 • 경영전략 과제 발굴과 경영목표 우선순위 선정
경영자원 배분	• 전략목표 성과수준별 경영자원 요구 및 충족도 관리 • 전사전략과 사업방침의 경영자원 배분 프로세스
목표관리 시스템	• 전략목표 연계성과 전략추진 시스템 체계화 • 전사전략 및 사업부문 전략 통제·조정 패러다임 구성

3. 사업구조 변화관리

 사업구조의 변화는 현재의 사업모델을 미래의 사업구조로 전환시키는 과정이다. 미래 산업환경과 성장잠재력이 큰 사업분야를 예측하여 현재 사업구조 조정과 변화를 통해 새로운 사업모델을 구축하는 과정이다.

사업구조 변화관리 과정에는 경영전략 과제발굴과 경영목표의 선정, 경영자원과 사업역량 개발, 사업성장성 관리프로세스 구축 등의 사업관리 기반이 확립되어야 한다. 사업구조의 변화와 조정 과정에는 현재사업 기반과 미래 신사업 구조의 연동관리가 중요하다. 미래의 신사업 구조를 지향하더라도 현재 사업구조의 긍정적인 측면은 미래 사업에 승계시켜야 한다. 현재 사업의 특징과 장점을 도외시하고 신사업 구조만을 추종할 경우에는 급격한 사업구조 전환에 따른 부적응 현상이 발생되어 조직 내 갈등과 대립을 유발시킨다. 사업구조 변화과정에는 다음 역할이 필요하다.

① 현재 사업모델 기반에서 미래 산업환경의 성장잠재력과 사업구조 변화·조정 방향 탐색
② 미래성장 사업모델 측면에서 현재 사업구조의 적정성 수준과 변화관리 시사점 도출
③ 현재와 미래시점의 경영자원과 사업역량 수준을 분석하여 시너지 효과를 유발하는 사업모델 설계와 사업구조의 변화관리 기반 확립
④ 미래 성장사업 지향성 측면에서 현재 사업모델의 현실적 특성을 분석하여 사업구조 조정과 변화관리 방향 도출

사업구조의 전환과정에는 조직관성에 의한 저항의식과 업무 기득권 보호를 위한 방어기저 행동이 다음과 같이 나타난다.

첫째, 조직관성 저항의식
조직관성의 저항요인은 현재 사업구조의 표준 직무와 업무방법, 업무능력과 업무행동의 귀속성향에서 유발된다. 현재 사업구조의

순응성과 보존성향에 의해 미래 지향적인 사업구조 변화를 암묵적으로 거부하거나 저항하는 행동이 유발된다. 조직관성의 저항행동을 완화시키기 위해서는 미래 사업구조의 특징과 장점에 대한 홍보와 교육지원, 사업정보 교감성을 향상시켜야 한다.

　둘째, 기득권 보호 저항의식

　기득권 보호 저항요인은 현재 사업구조와 관계성의 이권, 소비시장과 거래선, 지역사회 등의 이해관계자의 영향력에 의해 유발된다. 미래 성장사업 지향성에 의해 현재의 기득권이 와해될 것이라는 불안감이 팽배해지면서 공식적이거나 비공식적인 저항행동을 나타낸다. 기득권 보호측면의 저항행동이 예측될 경우에는 혁신적인 기업문화 활성화와 미래성장 사업구조 예측분야에 대한 정보공유와 공감대를 확산시켜 기득권 개념을 완화시킨다. 미래 성장사업 구조변화 과정에는 경영자의 역할이 중요하다. 미래 성장사업 구조조정과 변화관리 추진력은 저성장기의 소극적 의사결정보다는 고성장기의 적극적인 리더십에 의해 실현된다. 경영자의 리더십이 활성화되기 위해서는 다음 역할이 추진되어야 한다.

　① 미래 산업환경 예측과 신사업 탐색, 사업성장 모델 설계
　② 미래성장 사업구조 변화관리와 경영전략 체계 구축
　③ 미래사업 전략과제와 목표성과 도출, 실행프로세스 구축
　④ 신사업 운영 경영자원 계획과 사업역량 개발, 성과관리 시스템 구축, 사업 추진력을 형상시킨다.

핵심과제 요점정리 & 학습관점 도출

사업구조 전환전략

전환전략	변화관리
미래사업 개발	• 미래사업환경예측, 경영전략 과제와 목표성과 선정 • 신사업 구조와 모델 개발, 사업성장성과 경쟁력 관리
현 사업 변화조정	• 사업구조 조정과 변화관리, 경영자원과 사업역량 관리 • 변화저항력 조정과 추진력향상 성과관리 시스템 구축
문제 사업 개선	• 사업구조 문제점 개선, 경영자원과 사업역량 전문화 • 사업관리 프로세스 개선과 업무역할의 생산성 향상

사업구조 전환 부조화 현상관리

저항요인	부조화 현상관리
조직관성 저항	• 직무표준화와 업무행동 귀속성 향상, 사업성장성 향상 • 업무역량 개발, 성과관리 체계 구축, 조직문화 활성화 • 기대가치 유발, 특성요인 교육, 정보 교감성
기득권 보호저항	• 기득권 개입 조직 직무순환 주기관리 • 공식 및 공개적 의사결정 시스템과 결산주기 관리 • 특정 거래관계 조직의 기여도 및 만족도 관리
리더십 활성화	• 능동 및 수평적 의사결정 시스템과 미래목표 지향성 • 중·장기 전략모델과 전략실행 프로세스 구축 • 조직역량 개발, 성과관리 시스템 구축, 목표과제 관리

4. 경영자원 리모델링

경영자원은 기업설립의 기초기반이 되는 재무자산 등의 자본적 자원과 토지와 사업건물, 생산시설 등의 사업기반 자원, 사업관리의 주체가 되는 인력구성과 사업역량 등의 사업운영 자원이 있다. 경영자원은 질적·양적 요구수준의 적정성, 수요와 공급의 충족성이 유지 될수록 전략과제 추진력과 목표성과 달성률을 향상시킨다. 경영자원은 소요량 예측과 공급능력 설정, 자원조성과 배분관리, 인력운영과 역량개발, 자원 활용성과 기대가치 산출 등의 관리체계가 표준화되고 투입과 산출기준이 명확하게 설정되어야 한다. 경영자원은 사업분야별 전략과제와 목표성과에 따라 투입량과 배분시기, 활용성과 기대가치 산출효과가 다르게 나타나므로 경영자원의 운영체계 합리화를 위한 리모델링이 필요하다. 경영자원의 리모델링은 경영전략 과제와 목표성과의 변화·조정과정에서 반드시 실행되어야 한다. 사업추진 방향이 변화되면 경영자원의 유형과 수요량, 충족성도 변화되므로 리모델링에 의한 경영자원의 적정성을 관리하여 경영전략 추진력과 목표성과를 향상시킨다. 경영자원의 리모델링은 전사적 시스템과 의도적 시스템, 전문화 시스템에 의해 경영자원 관리 체계를 재정립한다.

첫째, 전사적 시스템 리모델링

전사적 시스템은 경영자원의 적재적소 충족성을 관리하여 전략과제 추진력과 목표성과 실행력을 향상시킨다. 사업기반 자원의 적정성 관리를 위해 사업지역 선정과 사업규모 확정, 사업부지 매입과 기반시설 구축, 사업건물과 구조물 구축, 생산시설과 설비조달, 제품생산 활동과 생산원가 관리 등의 전략과제 추진에 필요한 자원 소요량과 충족성을 리모델링한다. 전략과제 추진과 경영목표 관리에 필요한 인적자원 운영과 육성, 사업역량 개발과 교육관리, 재무적 자산 기준을 설정하여 소요자원의 충족성을 관리한다.

둘째, 의도적 시스템 리모델링

의도적 시스템은 미래 산업환경과 성장사업 예측에 의한 사업구조 조정과 변화관리에 충족되는 경영자원의 적정성을 관리한다. 특정사업 부문의 신규 투자와 사업규모 확장, 사업통합 또는 폐지 등에 소요되는 재무적 자원의 조달과 지출기준을 설정한다. 비상경영 체제와 위기관리 측면의 생산시설 통합과 확장, 기술과 제품 개발, 시장경쟁력 관리와 마케팅촉진 활동, 인력구성과 역량개발 등의 사업운영 자산을 리모델링한다. 경영자원의 합리적 운영 기반 확립을 통해 중·장기 경영전략 실행력을 향상시킨다.

셋째, 전문화 시스템 리모델링

전문화 시스템은 전략과제 추진력 향상과 경영자원 운영 체계 구축을 위해 시계열별 예측능력을 전문화시켜 경영자원 투입과 산출효과를 향상시킨다. 경영자원 운영 성과와 기대가치 측정, 경영자원의 질적·양적 수준관리와 합리적 운영기반을 리모델링한다. 경영자원 관리 전문화를 통해 경영전략 실행력과 사업 지속성장성 추구한다.

경영자원의 리모델링을 통해 성과관리 프로세스와 위기관리 시스템을 구축하여 경영전략 추진력과 달성도를 향상시킨다.

핵심과제 요점정리 & 학습관점 도출

경영자원 적정성 관리

경영자원	경영자원 효율화
전사적 경영자원	• 사업투자 방법과 지역, 사업규모와 기반시설의 확충 • 시설투자와 생산능력 관리, 자금조달과 운영 적정성 • 인적자원 소요와 목표인재 육성, 교육시스템 구축
의도적 경영자원	• 사업구조 특성화와 사업역량 강화 및 변화관리 • 비상경영 체계화와 위기관리 대응 프로세스 구축 • 토지·시설자원과 재무자원 및 인적자원 균형관리
전문화 경영자원	• 시계열 예측 및 의사결정능력 전문화, 기대가치 향상 • 자원투입과 산출효과 전문화, 시계열 예측력 향상 • 경영자원 질적·양적 수준, 자원운영과 실행력 향상

제 3 장
경영전략 구조

 경영전략 구조는 기업의 지속성장성을 지향하는 사업운영 체계를 전략추진 역할별로 모델링한 내용이다. 경영전략 구조를 수직적인 위계로 분류하면 최상위 위계에 기업 비전이 구성되고, 상위위계는 경영전략, 중위위계는 경영목표, 하위위계는 경영계획이 배치된다. 경영전략 구조의 수평적인 네트워크에는 경영목표 추진방향을 제시하는 경영방침과 경영계획의 실행시기를 분류한 전략 로드맵이 있다. 경영방침과 전략 로드맵은 경영목표에 예속되어 목표추진 방향과 실행시기만 구성된다. 경영전략 위계별 전략과제 지향성과 성과관리 역할은 다음과 같다.

 첫째, 경영이념과 기업 비전
 경영전략 구조의 최상위 위계인 경영이념은 기업 경영활동의 관념적 지향성이고, 기업 비전은 기업의 미래가치 지향성으로 경영전략 구성의 좌표가 된다.

 둘째, 경영전략
 경영전략은 상위위계의 전략구조에 배치되며 기업 비전 실행을 추구하는 목적 지향성이다. 경영전략은 산업환경 변화 패러다임과 경영자원의 영향력에 따라 전략과제와 목표성과를 설정하여 구조화 시킨다. 전략과제와 목표성과에는 사업모델과 사업규모, 특정 목적의 사업역할과 사업성과, 기대가치와 실행방법들이 수직적인 시스템으로 분류되어 경영전략 구조를 형성한다.

셋째, 경영목표

중위위계의 경영목표는 전사적 전략과제와 사업부문별 목표과제를 교집합 하여 목표성과로 구성된다. 전사적 전략과제는 사업 지속성장성과 사업구조화 과제이고 사업부문별 목표과제는 사업운영기반 조성과 사업성과 실행목표가 설정된다. 생산사업 부문의 목표성과는 생산기술과 제품특성, 생산시설과 생산능력 등으로 구성되고, 영업사업 부문은 시장성장과 경쟁력 관리 마케팅촉진 활동과 매출이익 관리 등이 목표성과로 구성된다. 관리사업 부문은 사업운영 제도와 경영자원 관리, 사업역량 개발과 사회적 책임 관리 역할이 목표성과로 구성된다.

넷째, 경영계획

하위위계의 경영계획은 사업부문별로 분류된 경영목표의 실행계획과 업무역할들이 구성된다. 경영방침에 따라 실행방향과 방법이 설정되고 전략 로드맵에 따라 목표실행 시기가 구성된다. 경영계획에서 경영전략이 추구하는 전략과제와 목표성과가 달성된다.

경영전략 구조는 성장기 산업환경에서는 전사적 전략과제와 목표성과 관리에 집중하면서 간결하고 명료하게 구성된다. 미래 산업환경과 사업성장 패러다임이 난기류 현상으로 예측될 경우에는 사업성장과 기업생존 전략이 동시에 추진되는 복잡하고 산만한 전략체계로 구성된다. 성장기 산업환경에서는 의도적인 전략과제 선정을 위해 미래 사업환경 예측과 전략요인 분석, 전략목적 다원성과 경영자원 제약성을 분석하여 전략과제와 목표성과를 설정한다. 난기류 산업환경에서는 사업성장과 기업생존의 의도적 전략추진 보다는 미래 산업환경에 순응하는 전략과제와 목표성과를 설정하여 경영전략을 구조화시켜 추진한다.

핵심과제 요점정리 & 학습관점 도출

경영전략 구조

의사결정	전략구조	전략모델	전략과제	전략지향성
최고 경영자	기업 비전	기업미래 지향성	미래 기업모습	미래지향성 철학적 사조
	경영전략	전사 성장전략	기업 발전모델	지속성장성 사업모델 개발
사업 책임자	경영목표	전사목표 관리	목표성과 과제	사업성장 모델 사업성장 과제
사업관리 부문장	경영방침	전략방향 조정	업무역할 조정	과제 관리방법 목표실행 역할
	전략로드맵	전략시기 관리	목표성과 연계성	역할 우선순위 사업시행 시기
사업관리 리더자	경영계획	전략성과 달성	목표과제 성과관리	목표성과 내용 목표성과 달성

1. 경영전략과 목표과제

경영전략은 기업의 미래 지속성장성에 따라 중·장기 전략이 추진되고 목표과제는 경영전략 추진 단계별로 성취해야 되는 성과단위이다. 조직적인 측면의 경영전략은 전사적 관점의 목표지향성이고, 목표과제는 사업부문별로 실행하거나 달성되어야 하는 역할의 내용이다. 총체적 개념의 경영전략과 사업부문별로 세분화되는 목표과제는 일맥상통한 연결고리로 구성되어야 전략과제 추진력과 목표성과 성취도를 향상시킬 수 있다. 전사적 경영전략이 지속성장성을 지향할 때에는 관리사업 부문과 생산사업 부문, 영업사업 부문 등도 지속성장성을 추구하는 목표과제가 선정되어야 한다. 성장성 기반의 자산투자와 자금운영, 인적자원 관리와 사업역량 개발, 기술연구와 설비투자, 제품개발과 마케팅촉진 활동 등의 목표과제가 일관성을 갖추고 미래 사업성장 지향성이 추구되어야 한다.

경영전략과 목표과제의 일관성이 유지되기 위해서는 최고경영자의 리더십 역할과 사업부문별 목표과제를 관리하는 사업 책임자의 의사결정 방법이 정형화되어야 한다. 최고경영자는 거시적 환경요인인 미래사업 성장지향성과 미시적 영향요인인 경영자원과 사업역량에 기초하여 신속·정확한 리더십으로 경영전략 방향과 목표과제를 도출한다. 사업부문별 책임자는 미시적 영향요인의 합리적인 운영기반 조성과 문제점 개선에 초점을 두고 목표관리 과제와 성과수준을 선정한다. 경영전략 과제와 목표성과 실행방법이 일치되어야 전략 추진력이 향상되므로 최고경영자의 리더십과 사업 책임자의 커뮤니케이션 역량이 중요하다. 최고경영자의 톱-다운 의사결정 방법에 의해 1차 자료인 경영전략 과제를 도출한다. 사업부문 책임자는 1차 자료에 의존하여 2차 자료인 경영목표 예상과제를 선정한 후, 보턴-업 방식으로 최고경영자에게 2차 자료를 피드백 한다. 최고경영자는 전사적 전략과제인 1차 자료와 사업부문별 전략목표 예정과제인 2차 자료를 종합적으로 분석하여 사업부문간 목표과제의 연계성과 균형성을 검토한 후, 3차 자료인 전사적 전략과제 도출과 사업부문별 최종 목표과제와 성과관리 내용을 확정한다.

전사적 경영전략 과제의 추진력과 사업부문의 목표성과 성취도 향상을 위해서는 전사적 전략과제 관점의 기업문화 활성화와 사업부문의 목표성과 관리 측면의 업무동기와 몰입행동을 활성화시킨다.

핵심과제 요점정리 & 학습관점 도출

계층별 의사결정 과제

계층	의사결정	의사결정 방법	특징
탑 의사결정	• 미래 전사전략 • 사업성장전략 • 혁신과 변화전략 • 도전과 모험전략	• 신속성, 정확성 • 선택과 집중화 • 경영자원 구조 • 질적·양적 가치	• 선견성, 탁월성 • 개인적 선입관 • 질적 가치추구 • 피상적 방향성
매니저 의사결정	• 단기 목표과제 • 사업성장성 관리 • 사업 균형관리 • 현안문제 개선	• 지속성, 편차성 • 보편적, 합리화 • 부문화, 시스템 • 단편적, 실용화	• 목표 실행성 • 성과 리스크 • 양적성과 지향 • 성과관리 갈등

2. 전사전략과 부문계획

  전사전략은 상위위계인 경영전략 과제와 중위위계인 목표성과 과제로 구성되고, 부문계획은 목표과제를 사업부문과 업무역할별로 세분화시켜 성과관리를 실행하는 하위위계의 경영계획 단위이다. 전사전략과 부문계획의 추진과제는 다음과 같다.

  첫째, 전사전략
  전사전략은 전략방향과 범위에 따라 경영전략과 사업전술로 구분된다. 목표성과 관리기간에 따라서는 장기 전략과 중기 전략, 단기 전략으로 구성된다. 목표성과 관리관점에 따라서는 사업기본 전략, 사업구조 전략, 사업투자와 구조조정 전략, 사업 글로벌화 전략 등이 수립된다. 전사전략 과제추진과 목표성과 관리방법은 다음과 같다.

  ① 경영전략은 사업분야인 업종과 사업구조인 생산사업과 영업사업, 관리사업 분야를 구조화시키는 전략이다. 생산사업 규모와 투자모델, 영업사업 분야의 마케팅 촉진역할과 방법, 관리사업 분야의 관리제도 개선과 경영자원 운영패턴을 설정한다.

  ② 사업전술은 사업부문별 업무역할과 업무방법에 대한 프로세스를 설정한다. 자금운영과 인력관리, 기술연구와 기술개발, 공정설계와 제품생산, 제품품질과 시장개발, 판매촉진과 홍보 등의 목표성과 관리역할의 체계화와 시스템을 구축한다. 사업성과 관리과정에 파생되는 문제점 개선과 업무효율성 향상, 업무 생산성과 업무방법의 변화와 혁신관리 프로세스를 설정한다.

③ 장기 전략은 사업업종과 사업분야 선택, 사업구조와 규모설정, 전략과제와 목표성과 모델링, 사업 지속성장성 관리 등의 전략이 구성된다. 장기 전략은 중기·단기 전략 지향성의 기준이다.

④ 중기 전략은 장기 전략에서 구성된 전략과제와 목표성과의 추진방법이 설정된다. 전사적 전략과제의 연계성과 균형성 조건에 따라 사업부문별로 전략과제를 할당시켜 목표성과 추진력을 향상시킨다. 사업부문별 사업구조 조정과 사업운영 모델 개발, 경영자원 충족성과 적정성 관리, 전략과제 추진에 필요한 사업역량 개발 등이 중기 전략에 수립된다.

⑤ 단기 전략은 사업부문별로 할당된 중기전략 과제의 실행과 목표성과 달성을 위한 경영계획을 수립하여 계획일정별로 성과관리를 실행한다. 목표성과 추진 사업예산 편성과 자금운영, 인적자원 육성과 운영, 생산기술과 생산시설 관리, 시장개발과 유통기관 관리, 제품경쟁력과 시장성장성 관리 등에 대한 실행계획이 수립되어 단기 전략에 구성된다.

⑥ 사업기본 전략은 경영전략의 지향성과 장기 전략의 목표성과 관리프로세스와 동일한 패턴으로 구현된다.

⑦ 사업구조 전략은 사업전술의 지향과제와 중기 전략의 성과관리 프로세스와 동일한 시스템으로 전략체계가 확립된다.

⑧ 사업투자 전략은 사업전술 추진과제와 단기 전략의 목표성과관리 프로세스와 동일한 시스템으로 전략체계가 확립된다.

⑨ 글로벌화 전략은 국내·외 산업성장 패러다임과 목표사업의 성장주기, 국가정책과 경제성장률의 토대에서 장기 전략을 수립한다. 사업환경과 국가 간 경쟁구도, 국가별 국민정서와 산업기반, 사업 특성인 제품, 시장, 소비자, 매출, 이익관리 등의 영향 요인에 기초하여 글로벌화 전략을 추진한다.

둘째, 부문계획

부문계획은 목표과제의 성과관리 측면에서 경영계획으로 구성된다. 경영계획의 추진방향에 따라 조직단위의 부문계획, 사업분야별 기능계획, 목표과제에 대한 개별계획으로 구성된다. 경영계획내용의 범위와 실행방법은 다음과 같다.

① 조직단위 계획은 조직의 대분류 기준인 직종과 중분류 단위인 직렬단위별로 계획이 수립된다. 직종의 구분단위는 관리직종, 영업직종, 생산직종으로 구성된다. 유통기업 등 비 제조기업의 경우는 생산직종 대신 서비스직종이 편제된다. 직종별 계획내용에서 생산직종과 영업직종은 사업성장과 구조조정 전략에 기초하여 계획내용이 구성된다. 관리직종은 경영자원 운영모델에 기초하여 조직단위 계획을 수립한다. 직렬단위 계획은 직종별 목표성과 과제를 업무역할과 실행방법별로 분류하는 직렬단위를 구성한 후, 경영계획을 수립한다. 직렬별에 편재된 표준 직무에 근거하여 실행계획이 수립된다. 생산직종과 영업직종의 경우 생산제품과 사업장 소재지, 소비시장과 유통기능별로 직렬을 분류하거나 연관된 영역을 통합하여 직렬범위를 확정한 후 실행계획을 수립한다.

② 기능계획은 목표성과 지향성에 따라 계획이 수립된다. 전략

과제 지향성은 직종단위 계획에서 수립되고, 목표성과 지향성은 직렬단위 계획에서 구성된다. 직종별로 여러 유형의 직렬이 분류되어 실행계획이 다음과 같은 패턴으로 구성된다. 생산기술 직렬은 기초기술과 생산기술 연구, 제품개발과 생산공정 연구, 생산능력과 생산설비 효율성 연구 등의 실행계획이 수립된다. 생산관리 직렬은 제품특성과 기능설정, 생산계획과 제품디자인, 생산방법과 공정프로세스, 생산원가와 생산수율, 설비능력과 생산 리드타임, 제품품질 등의 계획이 수립된다. 시장개발 직렬은 마케팅촉진 활동과 제품이미지 홍보, 목표시장 개발과 잠재시장 발굴, 유통경로와 유통기관 개발, 소비자 욕구충족과 고객관계 관리, 고객서비스와 만족도 관리 등의 계획이 수립된다. 자재관리 직렬은 물가동향과 선물시장 조사, 원·부자재 조달과 거래선 관리, 생산품 적정재고량과 물류경로 관리, 원재료·부재료·시설장비·부분품 재고량과 구매발주 시점관리 등의 계획이 수립된다. 인력관리 직렬은 인사제도와 규정관리, 인력채용과 정원관리, 역량개발과 교육훈련, 성과평가와 연봉관리, 승진승급과 직책관리, 인재육성과 경력관리 등의 계획이 수립된다. 재무회계 직렬은 사업예산 편성과 자금조달 계획, 운영자금과 투자자금 관리, 채권발행과 주식증자 등의 계획이 수립된다.

③ 개별계획은 계획내용의 전문화를 추구하기 위해 구성된다. 기술개발과 신제품 개발 계획, 제품특성과 디자인 계획이 수립된다. 시장점유율과 경쟁력 계획, 생산원가와 매출이익 계획, 제품특성 고급화와 서비스 전문화 계획 등 다양한 목적의 성과지향성에 따라 실행계획이 수립된다.

핵심과제 요점정리 & 학습관점 도출

전사전략과 부문계획

전략	모델	전략과제
전사 전략	전략·전술	• 기업구조의 업종 사업구조 관리, 업무역할 체계화와 시스템 구축, 문제점 개선방향, 업무효율화와 생산성 향상 방안 수립 • 생산과 영업, 경영관리, 자금, 인력, 연구, 기술, 공정, 제품, 품질, 시장, 유통, 홍보 성과과제 설정
	단·중·장기 전략	• 기업 지속성장성과 기업구조와 업종조정, 사업모델 개발과 사업구조와 업무분야 조정 • 인적자원 모집과 운영, 운영자금 조달과 배분 및 예산관리, 시장개발과 유통기관 관리, 제품경쟁력과 점유율 향상 등의 효율화 과제와 현안의 문제점 개선 및 전략운영 방법 합리화
	글로벌 전략	• 해당 국가정책과 경제성장률, 산업환경과 국민정서, 산업기반과 사업특성인 제품, 시장, 고객, 매출, 영업이익 관리

전사전략과 부문계획

전략	모델	전략과제
부문 계획	조직 계획	• 직종단위의 전사 사업계획, 경영, 영업, 생산, 서비스 직렬분야 목표과제 연계성 계획 • 사업부문 및 업무분야별 연구, 기술, 생산, 시설, 공무, 품질, 영업, 고객, 서비스, 시장, 유통, 구매, 자재, 인사, 재무조직 등의 목표과제와 성과계획
	기능 계획	• 기초기술과 생산기술 개발, 신제품 개발 연구계획 • 제품사양과 디자인, 생산원가와 품질, 생산설비와 작업공정, 생산방법과 품질관리 등 생산계획 • 소비시장, 유통기관, 고객, 판매, 촉진, 광고·홍보, 물류관리, 서비스 등 마케팅촉진 계획 • 원재료, 부재료, 생산시설, 장비, 부분품 재고관리 • 채용, 정원, 보상, 평가, 인재상, 교육, 직무순환, 경력관리 등의 인사관리 계획
	개별 계획	• 기술개발 계획, 신제품개발 계획, 제품디자인 계획, 시장점유율과 경쟁력 향상 계획, 생산원가 계획, 제품품질 고급화와 전문화 계획

3. 경영방침과 경영계획

경영방침은 경영전략 구조의 수평적 네트워크로 경영목표에 연결되어 경영목표의 성과관리 방향성을 지원한다. 장기 전략과제와 목표성과는 시간의 경과와 거시적 환경요인의 변화로 인해 전략과제와 목표성과 실행방향성의 조정이 필요한데, 경영방침에서 목표성과 추진 방향성이 조정된다. 경영목표와 경영계획의 실행력을 향상시킨다. 경영방침은 미래 산업성장 패러다임이 일정한 패턴으로 지속될 경우에는 생략할 수도 있다. 그러나 당면한 사업환경이 경영전략 수립단계에서 예측한 내용과 차이가 발생될 경우에는 현재시점에 적합한 전략과제와 목표성과 내용으로 조정되어야 한다. 과거 환경에서 추론한 현재의 사업환경과 현재에서 지향하는 미래 사업모델은 산업 성장패러다임의 영향으로 부조화 현상이 나타나므로 경영방침에서 부조화 현상을 조정하여 경영목표성과 추진력을 향상시킨다. 사업환경은 정부정책과 시장성장성, 제품특성과 소비자 반응행동, 사업성장 잠재력과 글로벌시장 환경, 경영자원과 사업역량 등이 영향요인으로 작용되므로 현재 환경과 미래 환경을 예측하거나 추론하여 전략과제와 목표성과를 설정한다. 경영전략 사업환경이 과거 환경과 현재 환경, 미래 환경이 양극단적인 차이가 발생될 경우에는 경영방침에서 경영전략과 목표과제를 리모델링하여 새로운 전략과제와 목표성과 내용으로 경영계획을 재편제하여 성과관리를 추진한다. 경영방침 설정을 위한 검토과제는 다음과 같다.

① 전략과제와 목표성과 추진력 향상을 위해 사업부문 간 갈등과 조직파벌, 업무관성 행동을 타파
② 경영방침과 경영목표 시너지 효과를 위해 핵심역량 가치와 업무프로세스 연계성 관리
③ 경영방침 지향성과 경영계획 실행력 향상을 위해 목표과제와 실행방법, 목표성과와 추진절차의 시스템 구축
④ 경영목표 추진력 향상을 위해 경영자원과 사업역량, 생산 기술 연구와 신제품 개발, 신시장 발굴과 제품경쟁력 관리,

마케팅 촉진 활동과 영업이익 관리시스템 효율화
⑤ 경영계획 실행력 향상을 위해 사업역량 전문화와 성과관리 프로세스 혁신, 변화관리 체계 구조화
⑥ 전사적 전략과제와 사업부문별 목표성과 실행력 향상을 위해 업무프로세스 표준화와 조직역량 전문화, 목표인재 육성과 교육훈련 지원역할을 추진한다.

경영계획은 목표과제의 성과단위와 실행방법을 구체화한 내용이다. 경영계획의 구성은 경영목표 일치성과 경영방침 연계성, 목표관리 방법과 성과지향성을 체계화한다. 당면한 문제점 해결방법과 개선과제 시뮬레이션, 목표성과 대체안과 합리적인 실행방법이 경영계획에 구성된다. 경영계획은 다음과 같은 기준에 의해 확립된다.

첫째, 경영계획 구체성

경영계획이 구체화 되어야 목표성과와 실행방법이 명료화 된다. 경영계획의 구체성은 계획대상과 범위, 목표과제와 성과내용, 성과관리 순위와 실행방법, 목표성과 평가기준에 의해 확립된다.

둘째, 경영계획 프로세스

경영계획 프로세스는 목표과제와 성과항목, 계획내용과 실행방법, 성과관리 시기에 의해 구성한다. 계획내용 구성과 성과관리 역할, 전사적 성과관리 시스템과 사업부문별 업무네트워크 체계에 의해 경영계획 프로세스가 구성된다.

셋째, 경영계획 실행력

경영계획 실행력은 산업환경과 사업구조 분석, 경영목표와 경영자원 분석, 시계열별 추진과제와 목표성과 달성도 예측을 통해 실행방향과 방법을 설정한다. 전사적 전략과제와 사업부문별 목표과제의 연계성과 목표성 및 동질성 관리, 기업문화 활성화를 통해 경영계획 실행력을 향상시킨다.

넷째, 경영계획 성과수준

경영계획 성과는 사업환경 변화 대응력과 사업부문별 목표과제 조정, 경영방침 지향성과 경영계획 목표조정, 경영자원 효율화와 사업역량 적정성 관리를 통해 성과수준을 향상시킨다. 경영계획 구조화와 경영자원 투입과 산출효과 관리를 통해 목표과제 추진력과 목표성과 관리체계를 확립한다.

핵심과제 요점정리 & 학습관점 도출

경영계획 구성관점

계획모델	지향성	관리내용
계획내용 명확성	실행계획 우선순위	• 전략과 목표연계성, 계획내용의 핵심가치 • 계획편성 기준과 실행순위, 계획구성 체계
계획운영 프로세스	계획관리 네트워크	• 목표관리 영역과 수준, 방침계획 시스템 • 계획추진 방법, 계획내용, 관리역할과 성과
계획내용 실행력	조직목표 실천의지	• 개선과제 시뮬레이션, 사업환경과 역량 • 시계열 목표와 성과변화, 조직목표 실행력
계획구성 수준	경영자원 효율화	• 합리적 자원배분, 환경변화 대응방안 수준 • 계획과제 시너지, 투입효과와 산출가치

경영방침 지향과제

지향성	추진과제
업무관성 타파	• 목표과제 명료성과 성과관리 실행력 향상 • 사업부문 갈등과 조직파벌 해소
시너지 효과	• 핵심역량 가치기반의 업무 사이클과 업무연계성 관리 • 생산설비와 공정, 업무방법과 역량 등 생산성 향상
방침 구체화	• 목표과제와 성과관리 방법, 수준과 시기의 통제·조정 • 업무절차와 협력, 지원과 책임 및 권한범위 명확성
역량 기반조성	• 기업미래 투명성, 사업안정성과 지속성장 기반 조성 • 시장경쟁력과 수익성, 자금안정성과 기술개발 시스템
성과 지향성	• 기획·인사·재무·연구·기술개발 역할의 전문화 • 생산·공정·영업·유통 구매시스템의 생산성 관리
조직 실천의지	• 의사결정자의 경영신념과 경영계획 실천성 향상 • 조직 규범성과 기능 유연성 및 합리적 실천의지
목표과제 실행력	• 인적자원 운영기반 확립과 교육훈련 관리 • 업무표준화와 조직역량 전문성 확립

경영계획 실행과제

계획	과제	실행과제
사업 프로세스 관리	성장성	• 사업계열화와 그룹화 및 구조조정, 사업성장과 경쟁력 및 글로벌화 관리
	혁신성	• 생산기술과 제품특성, 유통기관과 기업이미지 및 마케팅전략 전문화와 고객서비스 관리
	시스템	• 목표과제와 경영자원 및 업무성과 관리, 조직과 인력 및 역량관리, 고객서비스와 만족도 관리
업무 효율 관리	경쟁력	• 기술과 제품특성, 가격과 시장, 서비스 차별화 관리, 제품브랜드와 이미지 및 만족도 관리
	차별화	• 시장과 유통기관, 고객계층과 제품가격, 제품 특성과 판매방법, 제품품질과 고객정보 관리
	전문화	• 기술연구와 제품개발, 고객서비스와 관계관리, 기업이미지와 제품브랜드 홍보관리
	세분화	• 시장과 고객, 제품과 판매방법, 이익관리와 경쟁력, 잠재시장 성장성과 점유율 관리

4. 중·장기 전략과 단기계획

 중·장기 전략은 기업 지속성장성 관리를 위한 목표과제 추진전략이다. 단기계획은 목표과제의 성과관리 내용으로 구성되며 업무 효율화와 생산성 향상, 문제점 개선역할이 설정된다. 중·장기 전략과제는 사업모델 개발과 사업구조 조정 등의 역할이 구성되고, 단기계획은 목표과제 성과관리를 위한 경영자원의 균형관리와 사업역량 개발, 목표과제 관리방법과 성과실행 시기가 구성된다. 중·장기 전략 지향과제와 단기계획의 실행기간은 다음과 같다.

첫째, 장기전략

장기전략은 기업 미래성장성 관리와 사업모델 개발, 사업구조 조정과 신사업 개발 등에 대한 전략프레임이 구성된 경우에 수립된다. 장기전략 과제와 실행기간, 전략과제와 목표성과 지향성은 다음과 같다. 전략기간은 전략과제에 따라 차이는 있으나 통상 7년-10년 기간으로 구성되며 사업 추진기간이 긴 경우에는 전략기간이 15년 이상으로 수립되는 경우도 있다. 전략목표는 경영전략 방향설정과 미래사업 환경예측, 신사업 개발과 사업분야 모델링, 신사업 투자 입지 선정과 사업기반 조성, 전략 로드맵 구성과 사업투자 프로세스를 선정한다. 목표과제는 새로운 사업모델에 대한 기술연구와 제품개발, 시장성장성 분석과 잠재시장 발굴, 미래사업 경영자원 설계와 모델링, 사업투자 방법과 사업운영 프로세스가 구성된다. 목표성과는 신사업 투자와 개발, 사업규모 확장과 구조조정, 시장경쟁력 향상과 성장성 관리, 사업모델 변화와 업무 프로세스 혁신관리를 추진한다.

둘째, 중기전략

중기전략은 미래 사업환경 변화에 따른 사업구조 통합과 계열분리, 사업규모 확장과 신시장 개발, 신기술과 신제품 개발, 저성장 사업 철수 등의 과제관리를 위해 수립된다. 중기전략 실행기간과 목표과제, 목표성과 지향성은 다음과 같다. 전략기간은 4년-6년 단위로 구성되며, 장기전략 기간에 비례하여 장·단이 결정된다. 장기계획 기간이 13년-15년의 경우에는 중기전략은 9년-12년으로 구성된다. 전략목표는 장기전략 과제에 연동되어 목표방향이 설정된다. 미래성장 사업구축을 지원하는 환경변화 대응력과 기업현안 문제점 개선, 전략추진 역량과 사업성장 잠재력 개발, 전사적 전략과제와 사업부문 전략과제 연동성 강화 방법을 설정한다. 목표과제는 전사전략 과제와 사업부문 목표성과 관리프로세스 구축, 경영자원과 사업역량 적정성 관리, 소비자 동기유발 요인과 욕구충족행동 분석, 신제품 모델링과 기술연구 방향 설정, 기업문화 활성화 프로세스를 구성 한다 목표성과는 사업부문별 업무성과 관리시스템과 프로세스 구축, 경영자원 조달과 배분기준 설정, 생산사업 부문과 영업사업 부문 목표성과 연동성과 협력관리 시스템 구축, 사업부문별 목표관리 과제와 성과수준 설정, 목표추진 체계와 성과관리 기반 조성, 사업목표 관리와 성과실행 방법을 설정한다.

셋째, 단기계획

단기계획은 사업계열화와 업종별 그룹화, 사업부문 혁신관리와 문제점 개선, 관리사업 부문과 생산사업 부문, 영업사업 부문의 운영시스템 효율화를 위한 실행계획이 수립된다. 단기계획 실행기간과 성과관리 과제와 실행내용은 다음과 같다. 계획기간은 2년-3년 단위이다. 계획목표는 생산기반 조성과 제품 생산성 향상, 목표시장 개발과 마케팅 성과달성, 기업이미지와 제품선호도 향상, 사업운영기반 구축과 사업역량 전문화, 업무생산성과 목표관리 프로세스 구축을 추진한다. 목표과제는 기술연구와 제품개발, 생산공법 설계와 공정프로세스 구축, 생산원가와 제품품질 관리, 시장경쟁력과 잠재시장 개발, 고객만족도와 서비스 관리, 소비자 욕구

충족과 제품 선호도 관리, 유통기관과 판매촉진 관리, 경영자원과 사업역량 전문화 수준을 관리한다. 목표성과는 전사적 전략과제의 틀 속에서 사업부문별로 관리된다. 생산사업 부문은 기초기술 확보, 생산능력 향상, 제품경쟁력 향상을 추진한다. 영업사업 부문은 제품브랜드 가치와 이미지 향상, 시장경쟁력과 목표시장 점유율 향상, 제품인지도와 선호도 향상, 소비자 기대가치와 만족도 충족, 목표 매출액과 영업이익 달성을 관리한다. 관리사업 부문은 조직개발과 표준 직무편재, 적정정원 산정과 운영, 업무성과 평가와 처우보상 관리, 사업운영 문제점 개선과 혁신관리 역할 등의 성과 달성을 추진한다.

경영전략 기간은 사업환경이 안정적일 경우에는 길어지고, 미래 사업환경이 불투명하거나 경제성장 사이클이 빠를수록 짧아진다. 급변하는 난기류 산업환경에서 사업모델 개발과 사업구조 조정을 위해 추진되는 경영전략의 경우 장기전략 기간은 4-5년, 중기전략이 2-3년, 단기계획은 1년으로 구성되는 경우도 있다. 경영전략 기간이 짧아지거나 길어지더라도 전략목표와 과제, 목표성과 내용이 추가되거나 생략되는 것은 아니다. 전략과제와 목표성과는 전략계획 기간에 관계없이 추구되는 절대적 기준단위이다. 전략과제의 실행력은 전략기간의 장·단 보다는 사업환경 패러다임 변화의 대응력과 기업역량, 경영자원 적정성과 전략추진 의지, 기업문화 활성화 수준 등이 영향요인으로 작용된다.

중·장기 전략은 경영전략을 축으로 전략추진 기반조성과 단기계획 실행방법과 역할이 구성된다. 단기계획은 사업부문별 목표성과 관리프로세스가 구축되어 전략 로드맵에 따라 성과관리를 실행한다. 이에 따라 중·장기 전략과제와 단기계획 성과내용의 일관성 관리와 수직적인 성과관리 프로세스 구축과 운영이 중요시된다.

핵심과제 요점정리 & 학습관점 도출

중·장기 전략과 단기계획 과제

구분	추진기간	전략 역할
장기 전략	8~13년 (6~10년)	• 미래 산업환경예측, 경영전략 체계와 방향, 로드맵 구성
		• 사업방향과 투자기반, 기술과 제품개발 모델, 시장개발과 성장기반 조성
중기 전략	5~7년 (3~5년)	• 목표과제 운영기반 조성, 경영자원 모델과 성과관리 프로세스 구축
		• 사업방법과 시스템, 목표과제 성과관리, 문제점 개선과 혁신관리
단기 계획	2~4년 (1~2년)	• 목표과제 성과달성, 생산성과 효율성 시스템, 경영자원 운영
		• 기술과 제품개발, 시장과 고객개발, 생산 설비와 공정혁신 관리 등

경영전략 기간별 추진역할

구분	추진역할
장기 경영전략	• 신사업 투자와 개발, 사업규모 확장과 구조조정 • 시장경쟁력 향상과 성장성 관리, 사업모델 혁신관리 • 미래산업 및 기업환경, 소비시장과 기업문화, 조직역량
중기 경영계획	• 사업방법 설정, 경영자원 조달과 업무시스템 개선 • 사업모델과 운영방법 개선, 목표성과 관리기반 조성 • 경영전략과 실행계획 과제 통제·조정, 전략순위 조정
단기 실행계획	• 잠재시장 개발과 목표시장 관리, 기술연구와 제품개발 • 유통기관과 판매촉진 관리, 고객만족과 서비스 관리 • 생산설비와 공정개발, 생산원가와 제품품질 관리

제 4 장
경영전략 포지션

　경영전략은 전략과제의 추진대상과 목표성과 관리 방향을 설정하여 전략모델을 구성한다. 전략 포지션은 미래 사업환경 예측내용과 기업이 당면한 사업환경에 의해 사업성장 전략과 생존전략, 사업보존 전략과 구조조정 전략 포지션이 설정된다. 사업성장성과 경쟁력, 사업수익성과 사업기반 확장을 추구하며 사업부문별로 다음과 같은 성과관리 과제를 추진한다.

　① 관리사업 부문은 사업모델 개발과 사업지원 역할을 수행한다. 사업모델 개발은 사업 지속성장성을 추구하는 신사업 발굴과 사업구조 조정, 사업규모 확장과 사업다각화, 사업경쟁력과 미래 사업 성장성을 전략과제로 설정한다. 사업지원 역할은 목표과제 성과추진에 필요한 경영자원의 적정성과 사업역량 전문화를 실현하여 생산사업 부문과 영업사업 부문의 성과추진력을 향상시킨다.

　② 생산사업 부문은 생산기술과 제품개발, 생산능력과 생산원가 관리, 생산 공정혁신과 생산수율 관리, 제품디자인과 제품품질 관리, 제품선호도와 제품이미지 고도화를 추진하여 제품경쟁력을 향

상 시킨다. 제품생산성과 생산기술 선도력, 제품특성과 기능을 다원화시켜 영업사업 부문의 마케팅촉진 역할을 지원한다.

③ 영업사업 부문은 신시장 개발과 시장경쟁력 향상, 잠재시장 성장성과 시장점유율 향상, 유통기관 전문화와 매출액 향상, 소비자 욕구 충족과 만족도 향상, 마케팅촉진 활동 고도화와 영업이익 달성 등을 실현하여 사업성장 기반을 구축한다.

경영전략 포지션은 기업을 둘러싸고 있는 사업환경 영향요인이 불투명하고 경영자원과 사업역량이 불안정할 경우에는 사업 성장기반 확립과 사업구조 조정을 위한 전략과제와 목표를 설정하여 사업역량을 집중시키는 선택과 집중화 전략을 추진한다. 현안의 문제점 개선과 미래사업 성장목표를 설정하여 목표성과 우선순위별로 핵심 전략과제 선택과 목표성과 집중화 전략방향을 선택하여 추진한다. 즉, '가' 사업의 성장전략과 '나' 제품의 시장 생존전략 추진, '가' 사업의 보존전략과 '나' 제품의 시장 성장전략 추진, '가' 사업의 생존전략과 '나' 제품의 보존전략 등의 전략포지션을 설정한다.

핵심과제 요점정리 & 학습관점 도출

경영전략 포지션 영향요인

구분	영향요인 분석·평가	전략 포지션
거시적 환경요인	• 현재·미래 산업환경, 사업 라이프 사이클과 성장 패러다임, 시장규모와 성장잠재력, 시장경쟁 환경과 점유율 관리역량, 기업 경영능력과 경영자원	• 긍정적 성장전략 • 부정적 생존전략 • 혼합성 보존전략
미시적 경영여건	• 경영전략 추진과 경영계획 실행력, 목표과제 관리와 성과달성도, 이익 실현과 재무자산 안정성, 인적자원 적정성과 역량수준, 기업문화	• 긍정적 전사전략 • 부정적 부문전략 • 혼재성 믹스전략

1. 전사적 목표관리

전사적 목표관리는 경영전략에 구성된 목표과제 실행을 위해 전사적 리더십과 사업부문별 의사결정 시스템에 따라 전략과제 추진과 목표성과를 실행하는 역할이다. 현재 산업의 환경토대에서 사업성장성 관리와 미래 성장사업을 예측하여 신사업 발굴과 사업구조 조정, 기술연구와 제품개발, 잠재시장 발굴과 신시장 개발, 시장경쟁력 향상과 영업이익 달성을 추진한다. 전사적 목표관리는 중·장기 전략과제와 목표성과로 부터 당면한 사업환경에서 추진할 목표과제를 선정하여 추진한다. 목표관리 과제는 사업성장성 관리와 영업이익 달성, 미래사업 환경변화에 부응하는 사업구조 개선과 신사업 개발과제를 선정한다. 전사적 목표과제의 추진력 향상을 위해 전략과제 실행력과 목표성과 수준, 목표과제 실행방법과 시기, 목표성과 연계성을 관리한다. 전사적 목표과제 성과관리 역할은 다음과 같다.

첫째, 미래 사업환경 예측

미래 사업환경을 예측하여 미래 사업의 성장기반 확립과 생산·영업·서비스 사업의 고부가가치 추진, 목표성과 관리시스템 구축과 저성장기 한계 사업부문의 개선 및 변화관리, 사업운영 프로세스 혁신성을 추진한다. 당면한 사업환경과 미래 사업환경에서 사업성장성과 이익실현 잠재력 분석, 사업 기회요인과 위협요인을 탐색하여 신사업 모델 개발과 사업역량 전문화 방향을 설정한다.

둘째, 전략목표 과제 균형성

전사적 전략과 사업부문별 목표과제 균형성과 추진체계 연계성을 확립시킨다. 전사적 전략과제에 의해 사업부문 전략의 목표성과가 추진되므로 전략과제와 목표성과의 동질성과 목표관리 방법의 균형성이 필요하다. 전략목표 과제는 전략 로드맵에 의해 추진되므로 실행단계별 경영자원 운영 및 배분의 적정성과 시너지 효과 향상을 추구한다.

셋째, 경영자원 적정성

전사적 목표성과 관리를 위해서는 기업의 경영자원인 생산기반 시설과 생산기술, 투자자본과 운영자산, 기업 이미지와 제품 선호도, 유통기관과 물류시스템, 사업역량과 인적자원의 적정성이 확립되어야 한다. 미래사업 모델과 목표성과에 부합되는 경영자원

규모와 수준, 사업역량 전문화를 추진한다. 경영자원 운영규모의 적정성을 위해 경영자원 총량과 투입시기, 기대가치 산출효과와 사업성장 기여도 수준에 따른 경영자원 배분과 운영시스템을 구축한다.

넷째, 목표관리 프로세스

전사적 목표관리 프로세스는 경영전략과 경영목표, 경영계획의 수직적 전략과제 추진시스템 구축과 수평적 네트워크로 연결되는 경영방침과 전략 로드맵의 운영 기반이 확립되어야 한다. 수직적 시스템으로 추진되는 전략과제와 목표성과 추진력, 목표성과 성취도와 활용성, 사업성장 기여도와 시장경쟁력에 목표를 두고 성과관리 체계를 확립한다. 수평적 네트워크로 연결되는 경영방침과 전략 로드맵은 사업환경 변화 대응력과 실행력 향상, 사업부문별 목표성과 고부가가치 산출기반 확립을 지원한다. 수직적·수평적 목표관리 프로세스 구축으로 핵심사업 역량관리 기반구축과 목표성과 관리체계를 강화시킨다.

전사적 목표관리를 통해 경영전략 체계의 일관성과 미래사업 모델의 체계화로 목표과제 성취도와 사업 지속성장성 관리기반을 전문화시킨다.

핵심과제 요점정리 & 학습관점 도출

전사적 목표관리 체계

관리과제	관리내용	목표 지향성
기업환경 예측	• 기회·위기와 장·단점요인 탐색, 환경변화 예측 • 사업적합성과 변화·조정 과제와 기준탐색	• 문제점 개선과 변화관리 • 성장잠재력과 혁신관리 • 기회요인 탐색과 투자
경영전략 구성	• 사업성장성과 운영프로세스 효율화, 기술과 제품개발 • 경영목표와 방침 시스템화 전사·부문전략 로드맵 체계	• 목표과제 우선순위와 연계성, 목표성과 우선순위 • 사업모델 미래지향성과 창조적 혁신관리
경영자원 개발	• 규모경제 성과와 경영자원 운영시스템, 자원조달망 • 장기성장 과제와 단기조달 자원분석, 자원 적정성	• 자원배분 합리성과 활용 가치평가, 미래 인재육성 • 목표과제별 경영자원 적정성, 사업역량 개발
전사적 목표관리	• 목표과제 성과수준과 관리체계, 목표성과 연계성 • 목표성과 고도화와 사업성장 균형성, 지속성장성	• 사업 성장잠재력과 미래 가치 지향성, 사업경쟁력 • 핵심역량 전문화와 경영자원개발, 자원 균형관리

2. 목표과제 비즈니스 맵

  목표과제 비즈니스 맵이란 전사적 목표과제와 사업부문별 경영계획 내용의 연결고리를 체계화시키는 것이다. 경영전략 과제와 목표성과, 전략 로드맵과 성과관리 방법, 경영목표와 경영계획의 일관성을 유지시켜 목표성과 관리의 시너지 효과를 향상시킨다. 최고 경영자의 리더십 역할과 사업부문 책임자의 의사결정 프로세스를 체계화시켜 전략과제 추진력을 향상시킨다. 톱-다운 방법의 전사적 전략과제 모델 구축과 보턴-업 방식의 사업부문별 목표성과 관리시스템을 구축하여 목표과제 비즈니스 맵을 구조화시킨다.

최고경영자의 거시적 환경요인 관리와 사업부문별 책임자의 미시적 영향요인 관리체계 확립으로 비즈니스 맵 기반을 확립한다. 목표관리 비즈니스 맵의 실행력 향상 과제는 다음과 같다.

① 전사적 전략과제와 사업부문별 목표성과 일관성과 연계성 관리로 경영계획 체계화
② 최고경영자의 미래성장 사업모델과 지속성장성 관리, 사업구조 조정역량과 의사결정능력 향상
③ 사업부문 책임자의 경영자원과 사업역량 전문성, 사업모델 변화와 혁신관리, 문제점 개선과 성과관리 수준 향상
④ 사업부문 책임자의 전략실행 추진력과 생산성 향상, 목표성과 달성도와 역량전문화 관리
⑤ 경영계획 실행 업무프로세스 구축과 핵심역량 관리, 경영자원운영 기반과 추진

핵심과제 요점정리 & 학습관점 도출

목표과제 비즈니스 맵

구조	전략체계	책임자	전략방향
전략 기반	경영이념 기업 비전	최고 경영자	• 기업 가치지향성, 기업의 사회적 역할 • 미래 사업모델, 기업 지속성장 패턴
전략 구조	경영전략 (전사)	최고 경영자	• 신사업 모델, 사업 인수합병, 신사업 투자, 사업구조 조정, 업종전환
		사업 부문장	• 사업범위 조정, 사업개편, 사업통합, 사업규모 확장, 사업계열화 관리
전략 과제	목표과제 (사업별)	사업 부문장	• 생산기술과 생산능력, 제품생산성과 원가수준, 시장·고객·서비스 경쟁력
		사업 관리자	• 사업수익성, 역량전문성, 시장성장성, 성과효율성, 가치 잠재력 관리
실행 방법	경영계획 (부문별)	사업 부문장	• 제품개발, 기술개발, 시장성장성, 영업 이익, 서비스와 고객만족, 이익관리
		팀 리더자	• 재무안정성, 인사와 교육효과, 구매와 자재 적정성, 노무시스템 합리성
실행 성과	성과관리 (과제별)	사업 관리자	• 목표과제 성과, 사업역량개발, 업무 프로세스 개선, 기대가치 관리
		팀 리더자	• 기업이미지 향상, 기업문화 활성화, 사업정보 관리, 업무프로세스 구축

3. 경영계획 체계화

 경영계획은 경영전략의 수직적인 계열체계에서 하위위계의 실행계획으로 구성되어 목표성과를 달성한다. 최상위 위계는 경영이념과 기업 비전이 배치되고, 상위위계는 경영전략, 중위위계는 경영목표가 구성된다. 경영방침과 전략 로드맵은 경영전략 체계의 수평적인 네트워크로 경영목표에 연계된다. 경영방침은 성과관리 지향성과 프로세스로 구성되어 경영목표 관리방법과 실행역할을 지원한다. 경영전략과 경영목표는 미래사업 모델과 사업성장 방법이 구조화 된다. 전사적인 관점의 전략과제와 목표성과 추진방법이 구성되고 경영계획의 성과관리 방향성을 제시한다. 경영계획의 체계화는 사업부문별로 목표과제 추진방법과 시기, 자원과 역량, 투입과 산출, 성과평가 역할이 구조화 된다. 경영계획의 체계화 과제와 역할은 다음과 같다.

 첫째, 경영계획 체계화 방향

 경영계획의 체계화 방향은 경영목표에서 추구하는 성과과제와 경영방침에서 제시하는 역할의 방향성을 목표과제에 연계시켜 시계열별 우선순위에 따라 추진되도록 분류한다. 경영계획의 체계화 목적은 하위위계의 실행과제를 상위위계의 경영전략 과제와 중위위계의 경영목표 성과지향성에 수직적 시스템으로 연결시켜 성과달성의 일관성과 전략추진 시너지 효과를 향상시킨다. 목표성과 관리시스템은 관리사업 부문의 경영자원과 사업역량 관리프로세스 구축, 생산사업 부문과 영업사업 부문의 목표과제 관리를 위한 수직적 시스템 체계와 목표성과 달성을 위한 수평적 네트워크를 구축하여 목표성과 성취도를 향상시킨다.

둘째, 경영계획 체계화 과제

경영계획의 체계화 과제는 경영목표 성과과제와 전략 로드맵의 실행시기를 대상으로 한다. 경영목표의 전사적 성과과제를 경영계획 실행을 위해 사업부문별로 세분화하여 성과달성을 추진한다. 사업부문별 실행과제와 성과내용은 업무 연계성과 전략 로드맵의 실행시기별로 계열화시켜 목표과제 실행과 목표성과 달성을 추진한다. 관리사업 부문의 경영자원과 사업역량 개발, 생산사업 부문의 제품생산 프로세스 구축과 부가가치 산출, 영업사업 부문의 시장경쟁력 관리와 목표성과 달성계획을 체계화 시킨다. 경영계획의 실행력과 목표성과 달성을 향상시키기 위해서는 미래사업 성장성과 난기류 사업환경에 부응하는 경영계획 설정과 성과관리 체계 구축, 경영자원의 합리적 배분과 기대가치를 산출한다. 전사적 목표관리 관제와 사업부문별 성과관리 시스템을 수직·수평적인 시스템으로 연계시켜 경영계획 실행프로세스를 안정화시켜 난기류 사업환경에서의 사업혁신성과 사업 지속성장성을 지향하는 경영계획 실행체계를 구조화시킨다.

셋째, 경영계획 체계화 방법

경영계획의 체계화 방법은 전사적 전략과제와 목표성과를 성과관리 시기와 방법별로 사업부문에 분화시켜 실행한다. 사업부문별 분화된 목표과제와 성과관리 내용을 토대로 경영계획 목표실행 방향과 방법, 성과관리 역할과 대안 탐색, 전사적 기대가치와 사업부문별 성과달성을 추진한다. 경영계획 실행력 향상을 위해 목표성과 유형과 실행시기, 실행방법별로 계열화시켜 사업부문별 성과관리 시스템과 네트워크 체계를 형성한다.

 경영계획 체계화를 통해 사업부문 간 성과관리의 유기적인 연계성과 목표과제 관리역량의 정합성을 통해 경영계획 성과달성을 향상시키다. 사업부문별 경영계획 체계화 과제는 다음과 같다. 관리사업 부문은 생산사업 부문 및 영업사업 부문과 수평적 네트워크 체계를 구축하여 경영자원 관리와 사업역량 전문화를 추진한다. 생산사업 부문의 기술개발과 생산시설 운영, 제품생산과 품질관리에 소요되는 예산편성과 운영자금 공급, 인적자원 배치와 역량개발을 지원한다. 영업사업 부문의 시장개발과 고객관리, 마케팅 촉진 역할과 시장경쟁력 관리에 소요되는 경영자원의 지원체계를 확립한다. 생산사업 부문은 영업사업 부문을 지원하기 위해 제품특성과 생산능력에 의한 수직적 계열화와 기술연구와 제품개발, 생산원가와 제품품질, 제품이미지와 제품디자인 등의 수평적 업무네트워크를 구축하여 시장경쟁력 향상 등의 영업사업 성과달성을 지원한다. 생산기술과 제품특성에 의한 소비자 구매동기 유발과 욕구 충족도 관리, 신제품 개발과 생산원가 관리로 시장성장성 향상을 지원한다. 영업사업 부문은 생산사업 부문과 수평적 네트워크 체계를 구축하여 목표시장 성장성과 소비자 욕구 충족성을 관리한다. 생산사업 부문의 생산기술과 제품특성, 제품품질과 생산원가 관리의 지원을 받아 시장경쟁력과 시장성장성 관리, 고객만족과 영업이익 성과달성을 추진한다.

핵심과제 요점정리 & 학습관점 도출

경영계획 체계화

계획과제	관리요소	관리내용
경영목표 과제탐색	객관성, 목적성	• 사업성장과 사업구조 리모델링 • 경영혁신 관리, 목표과제와 성과조정
전사계획 모델링	지향성, 실천성	• 지속성장과 경쟁력, 수직적 계열화 • 전략과제 일관성과 사업부문 균형성
사업부문 구조화	연계성, 정합성	• 특성화와 전문화, 성장성과 이익률 • 목표관리 시너지, 성과달성 공존성
사업부문 네트워크	정확성, 간결성	• 경영자원과 사업역량, 목표과제 계열화 • 목표실행 시계열화, 사업부문 연계성
경영계획 실행방법	다각성, 경제성	• 생산성과 효율성, 수익성과 성취도 • 문제개선과 혁신관리, 미래사업 성장성

경영계획 체계화 방향

구도	체계화 방향
체계화 지향성	• 목표과제와 실행방법 세분화, 목표과제 시계열 우선순위 • 전략과제와 경영목표 수직적 연계성, 사업부문별 적정성 • 전략추진의 시너지 효과, 경영자원의 수평적 균형성
체계화 과제	• 전사적 전략과제의 사업부문별 실행계획 프로세스 구축 • 사업부문 실행과제 수평적 네트워크, 실행시기 계열화 • 관리부문의 운영기반, 생산과 영업사업 공존성 관리
체계화 방법	• 성과실행 방법과 실행시기 계열화, 목표방향과 방법 통합 • 목표과제와 성과내용 계열화, 실행방법 유연성과 실천력 • 성과과제 네트워크, 방법 체계화, 성과관리 연계성

사업부문 경영계획 과제

계획분야	계획과제
관리사업 계획	• 전사 사업모델 운영, 경영자원 요구수준과 균형관리 • 인적자원 운영·육성 및 처우·보상관리, 역량 전문화 • 재무자원 적정성 관리, 예산편성과 자금 회전율 관리
생산사업 계획	• 기술개발과 제품개발, 생산능력과 생산설비 • 생산원가와 생산수율 관리, 제품품질과 제품경쟁력 • 생산원가와 부가가치 생산성, 생산공정 프로세스
영업사업 계획	• 시장성장성과 잠재 시장개발, 시장점유율과 영업이익 • 제품이미지와 유통기관, 영업이익과 손익분기점 • 마케팅 전략과 영업방침, 고객만족과 서비스 관리

4. 경영계획 수립방향

경영계획 수립은 경영목표의 틀 속에서 전사적 전략과제와 사업부문별 목표성과의 실행방법이 계획내용으로 구성된다. 경영전략 추진방향과 목표성과 내용이 현재 사업의 성장성을 추구하거나 미래사업 모델개발을 지향하는 사업부문별 성과관리 프로세스가 구성된다. 사업부문별 경영계획 구성방향은 다음과 같다.

① 사업구조 재편성을 위한 신사업 개발과 사업성장 계획, 사업구조 개편과 보존·통합·인수·합병·폐쇄 계획
② 사업관리 생산성과 성과 향상을 위한 사업규모 확장과 아웃소싱, 부품과 완제품 외주생산 계획

③ 신기술과 신제품 생산기술, 신기술과 신제품 특허권 확보와 상용기술 사용권 획득
④ 인적자원, 재무자원, 건물·토지·설비자원의 전사적 조달계획과 사업부문별 운영계획을 수립한다.

사업부문별 경영계획의 구성내용은 다음과 같다.

첫째, 생산사업 계획

생산사업 계획은 제품생산 프로세스 구축과 제품생산성 관리 내용이 구성된다. 생산프로세스 구축 계획은 기술연구와 개발, 제품모델과 제품사양 설계, 생산규모와 생산설비, 생산공정과 생산능력, 생산방법과 생산원가, 제품품질과 서비스 관리 내용이 구성된다. 제품생산성 계획은 기초기술과 응용기술 확보, 제품특성 전문화와 기능의 고급화, 생산공정 자동화와 작업방법 무인화, 생산원가 절감과 품질경쟁력 향상내용이 구성된다. 신제품 개발계획은 제품특성과 기능, 실용성과 편의성, 이미지와 상징성, 선호도와 효용성 향상내용이 구성된다. 영업사업 부문 지원을 위한 제품 수월성 향상과 생산원가 절감, 제품기술 전문성과 제품품질 다각화 계획내용이 구성된다. 영업사업 부문 연계계획은 제품특성과 기능의 다양성을 추구하는 생산기술과 생산방법 개발내용과 소비계층 분류에 의한 제품특성과 판매가격 차별화를 추진하는 계획내용이 구성된다. 마케팅 촉진 연계계획은 생산기술과 제품품질을 생산 공정별로 수직적으로 계열화시켜 제품특성 다각화와 생산원가 단일화를 실현하는 계획내용을 추진한다. 특정 소비자 집단을 대상으로 제품속성과 이미지, 제품품질과 서비스 고급화를 추진하는 마케팅 촉진 연계계획은 생산기술과 품질관리 전문화 계획을 수립한다.

둘째, 영업사업 계획

 영업사업 부문 계획은 시장경쟁력 향상과 잠재시장 개발, 신고객 발굴과 제품이미지 고도화, 유통기관 전문화와 시장성장성 관리내용이 구성된다. 목표시장경쟁력 계획은 고객관계성 강화와 매출액 신장, 영업이익 향상과 소비자 욕구충족도 관리, 고객만족도와 서비스 관리 내용이 구성된다. 특정 소비시장과 소비계층에 대한 제품판매 촉진계획은 기업 이미지와 제품인지도 관리, 제품 브랜드 전문화와 제품선호도 관리, 제품특성과 기능의 홍보와 광고관리 내용이 구성된다. 생산사업 부문의 연계계획은 기술과 제품개발, 품질개발과 생산원가 관리 내용이 구성된다. 유통기관 경쟁력 계획은 상권 밀집지역과 장소, 시장규모와 제품구성, 판매방법과 유통기관 유형, 서비스관리 내용이 구성된다. 제품이미지 경쟁력 계획은 제품특성과 효용성, 제품브랜드와 제품품질, 제품실용성과 기대가치에 대한 제품정보 확산, 홍보와 광고관리 방법과 매체선택, 시기와 메시지 관리내용이 구성된다. 제품효용성 향상계획은 생산기술과 제품전문성, 품질 고급화와 제품 내구성, 제품특성과 속성차별화 내용이 구성된다. 신시장 개발과 잠재시장 성장성 계획은 시장경쟁력과 점유율 관리, 경쟁시장 침투와 마케팅촉진, 제품인지도와 선호도 향상내용이 구성된다.

셋째, 관리사업의 재무계획

 재무계획은 관리사업 부문의 역할로서 사업운영 소요예산 편성과 조달, 운영자금 공급과 정산역할을 한다. 신기술 연구와 신사업 개발자금, 생산공정 증설과 설비확장, 잠재 시장개발과 시장성장성 관리 등 생산사업과 영업사업 운영자금 관리내용이 구성된다. 기업 인수합병과 구조조정 자금, 자본적립금과 유동성 자금, 투자자금 관리 등이 전략과제와 목표성과 관리에 필요한 재무자산관리 계획내용에 구성된다.

핵심과제 요점정리 & 학습관점 도출

경영계획 수립 방향성

범위	분야	방향	계획과제
전사계획	관리계획	기본계획	• 사업개발과 구조조정, 사업성장과 업무혁신 관리, 지속성장성과 전략 추진력
		전사연동	• 조직구조와 직무편재, 인재육성과 배치, 지식재산권 관리, 인적자원과 역량전문성
부문계획	생산계획	기본계획	• 기술과 제품개발, 생산방법과 생산수율 제품품질과 생산원가, 제품용도와 내구성
		영업연동	• 제품특성과 사양, 생산품목과 능력, 제품디자인과 이미지, 기술수준과 제품다양성
	영업계획	기본계획	• 시장과 고객개발, 유통과 판매촉진, 시장경쟁과 성장성, 제품이미지, 시장규모
		생산연동	• 판매량과 가격, 제품차별과 전문화, 제품기능과 디자인, 공정 안정성과 전환성
	재무계획	기본계획	• 예산편성과 조달, 차입금과 준비금, 자본적립과 투자, 자금안정성과 회전율
		사업연동	• 기술개발과 원재료 조달, 유통과 판매, 자금순환과 영업이익, 자금투입과 효과

신사업 모델개발 계획

계획과제	계획내용 구성
사업구조 개편	• 신사업 개발 및 사업성장 계획, 사업구조 개편 계획 • 동종사업 및 이 업종 사업인수·합병·통합·폐쇄 계획
사업운영 생산성	• 사업규모 확장과 축소, 업무공정 및 프로세스 개선 • 부품 외주생산, 완제품 주문자 상표표시 외주생산
기술·제품 개발	• 신기술 및 신제품 개발, 신기술과 신제품 특허권 획득 • 기술 및 제품특성 관련 사용권 확보(로열티 비용)
경영자원 관리	• 인적자원 적정성과 역량개발, 재무자원 조달 및 운영 • 생산기반 시설과 장비 등 적정성 관리 계획

생산부문 사업화 계획

계획과제	계획내용 구성
생산 프로세스	• 기술연구와 개발, 제품모델과 제품사양 설계, 생산규모와 생산설비, 생산공정과 생산능력, 생산방법과 생산원가, 생산품질과 서비스 계획
생산 성과관리	• 기초기술과 응용기술 확보, 제품특성 전문화와 기능 고급화, 생산공정 자동화와 작업방법 무인화, 생산원가 절감과 품질경쟁력 향상
신제품 개발관리	• 제품특성과 기능 개발, 생산기술과 생산방법의 수평적 다각화와 제품품질의 수직 계열화, 제품 실용성과 편의성, 이미지와 상징성, 선호도와 효용성 향상
영업 지원계획	• 소비자 계층별 제품속성과 이미지 계열화, 제품품질과 서비스 차별화, 생산기술과 제품종류 다각화, 제품특성과 이미지 세분화, 고객관계 관리 계획

영업부분 사업화 계획

계획과제	계획내용 구성
마케팅 촉진계획	• 시장경쟁력 향상과 잠재시장 개발, 신고객 발굴과 제품이미지 고도화, 유통기관 전문화와 성장성 관리, 매출액 신장과 수익률 향상, 고객협력과 만족도 향상
시장 개발계획	• 기술개발, 제품개발, 품질개발, 생산원가 계획, 잠재시장성장성 관리, 경쟁시장 침투 및 점유율 향상, 제품품질과 서비스 고급화 계획
유통 기관계획	• 상권규모와 소비시장 특성별 유통기관 배치지역과 위치, 규모와 제품구성, 판매방법과 서비스 계획, 유통기관 이미지 광고와 홍보, 물류정보 관리 계획

제 5 장
경영자원 평가

   경영자원은 경영전략 추진과 목표성과 관리에 필요한 투입요소로서 생산기반과 재무자산, 인적자원 등의 구조적 자원과 사업역량, 경영능력 등의 운영적 자원으로 구분된다. 경영자원 평가는 목표과제별로 구조적 자원과 운영적 자원의 적정성 수준과 충족성 상태를 분석하기 위해 실행한다. 평가결과에서 최적화된 경영자원 투입기준을 설정하여 경영전략 추진효과와 목표성과 달성률을 향상시킨다.

   경영전략 모델 설계단계에서 경영자원과 사업역량에 기초하여 전략과제와 목표성과를 선정한 경우에는 자원과 역량의 운영계획이 적정하게 구성되므로 경영자원 평가를 생략할 수 있다. 그러나 경영전략 모델을 구성한 후, 전략과제와 목표성과 관리에 필요한 경영자원 투입량과 산출효과가 설정된 경우에는 경영자원의 적정성 평가를 실행한다. 경영자원의 평가는 경영전략 목표 지향성과 성과관리 프로세스를 검토하여 요구되는 경영자원의 종류와 투입단위, 자원의 질적·양적 수준과 충족성 및 자원 활용성을 평가한다. 경영자원 평가방법은 다음과 같다.

첫째, 자원유형 평가

경영자원 유형은 경영전략 과제와 목표성과 내용에 따라 구분된다. 경영자원의 적정성과 충족 수준은 사업규모 확장과 사업성장성 관리, 신사업 개발과 투자, 사업구조 조정 등에 의해 결정된다. 경영자원 유형의 평가는 전략실행에 필요한 자원의 종류와 질적 수준, 양적 충족도와 표준화 실태를 평가한다. 평가결과에서 자원 유형별 조달과 활용성 수준, 투입과 부가가치 생산성을 분석하여 자원 적정성관리와 대체재 및 보완재 개발 방향을 검토한다.

둘째, 활용시기 평가

경영자원 활용 시기는 전략 로드맵에 시계열별로 구성된다. 그러나 경영전략 추진과정에 파생되는 사업 문제점 개선, 사업 구조조정과 변화와 혁신관리, 특정 사업부문의 효율화와 생산성향상 등의 현안과제는 전략 로드맵에 구성되지 않으므로 경영자원 투입시기를 예측하여 활용계획을 수립한다. 경영자원의 평가는 소요자원 확보와 활용가능성, 자원의 절대적·상대적 요구수준과 평균화 실태를 평가한다. 평가결과로 부터 경영자원 조달과 투입시기, 자원수준과 투입단위, 보유기간을 관리한다.

셋째, 질적 수준평가

경영자원의 질적 수준은 활용성과 파급효과에 영향을 미친다. 사업환경 패러다임 변화와 경영전략 과제의 동질성 차원, 경영전략 과제와 목표성과 연계성, 경영전략 추진방향과 경영계획 실행방법의 시계열 연계성 등이 평가기준이 된다. 평가기준의 편차 수준과 경영자원의 활용성과 전문화 수준을 평가하여 경영자원 적정성과 충족성을 관리한다.

넷째, 양적 차원평가

중·장기 경영전략과 단기 경영계획의 사업범위와 사업내용, 경영전략 로드맵 구간별 경영자원 투입량과 변동성, 경영계획 실행자원의 조달 가능성과 충족수준을 평가한다. 평가결과에서 경영자원 조달과 충족도 관리, 자원 활용시기 탄력성과 보유기간을 관리한다

다섯째, 자원 균형성평가

경영자원의 균형성 평가는 구조적 자원인 생산기반 시설과 인적자원, 재무자산 등의 충족성과 운영적 자원인 성장잠재력과 사업역량, 경영능력 등을 대상으로 균형성을 평가한다. 경영자원 유형의 동질성과 이질성, 활용시기별 소요량 충족과 편차 수준을 평가하여 균형성 관리 요건을 설정한다.

경영자원 평가결과의 양적 충족도 관리는 전략 로드맵 체계에 따라 경영전략 과제와 목표성과 관리에 필요한 소요량의 충족요건을 관리하여 자원투입과 성과산출을 추진한다. 질적 수준의 평가결과는 미래 사업환경 변화를 예측하여 신사업 개발과 시설투자 등의 경영전략과 목표성과 관리에 활용한다. 경영자원의 질적 수준관리는 장기간 역할의 전문화를 통해 실현되므로 미래사업 개발을 추진할 경우에는 전략모델을 구성 후 경영자원의 확보 방안을 설정하는 것이 바람직하다.

핵심과제 요점정리 & 학습관점 도출

경영전략 평가 과제

평가대상	평가과제	평가내용
• 신사업 개발 • 사업구조 조정 • 사업혁신 관리	• 산업환경과 전략실행 방향 • 전략지향성과 목표과제 • 전략과제와 단기실행 계획	• 동질성과 이질성 • 연계성과 분산성 • 유이성과 변동성
• 지속성장성 • 사업효율화 • 업무생산성	• 전략단계별 경영자원 투입 • 경영계획 실행과제 관리 • 전략구조와 운영패러다임	• 균형성과 동질성 • 적정성과 충족도 • 지속성과 활용성

경영자원 평가내용

평가대상	평가내용
경영자원 유형	• 전략과제와 목표성과 패턴, 사업모델과 시장성장성 • 생산기반과 제품의 속성, 적정성과 충족성 및 활용성 • 부가가치 생산성, 대체재 및 보완재 개발 방향성
경영자원 활용시기	• 전략 로드맵의 시계열 분류, 현안과제의 우선순위 • 자원조달과 적정성 관리기간, 절대적·상대적 충족수준 • 조달과 투입시기 관리, 자원수준과 투입단위, 보유기간
경영자원 질적 수준	• 활용성과 파급효과, 전략과 성과목표 동질성 차원 • 전략추진과 시계열별 연결성, 자원 전문성과 지속성 • 자원 활용성과 파급효과, 자원 적정성과 충족수준
경영자원 양적차원	• 전략구간별 자원소요와 투입단위, 충족성과 산출가치 • 조달가능성과 충족수준, 실행계획 변동과 자원 유동성 • 충족도 관리단위와 활용시기 탄력성, 충족도 차원
경영자원 균형성	• 구조적 자원과 운영자원 구성요건, 질적·양적자원 유형 • 자원조달 및 충족기간의 장·단과 활용시기 조정편차 • 자원 배분기준과 운영효과, 조달과 활용성 균형요건

1. 성장잠재력 평가

경영전략 모델의 성장잠재력은 생산기반 시설규모의 실태와 소비시장 관리역량에 비례한다. 생산기반 시설은 사업모델의 축으로서 사업분야와 사업규모의 결정요소이고, 기술연구와 기술개발, 제품개발과 생산방법, 공정설계와 설비배치 등에 의해 생산능력이 결정된다. 생산기반 시설의 평가과제는 다음과 같다.

① 생산 기반시설 평가는 미래 사업환경 변화예측에 의한 신기술 연구와 기술개발, 신제품 개발과 제품특성 모델링, 제품생산 시스템과 토지와 건물 활용성 및 확장성을 평가한다.
② 생산기반 구성요소 평가는 기술개발과 제품개발 등의 미래 지향성과 가치 창조성, 선도적 혁신성 등의 기대가치 충족성을 평가한다.
③ 지식자산 가치평가는 신기술과 신제품, 기술 경쟁력과 제품 전문성, 기술 활용성과 제품경쟁력 등의 기술축적과 관련된 특허권 등의 가치수준을 평가한다. 생산기반 시설의 생산가치 평가기준은 다음과 같다.

첫째, 정태적 가치평가
정태적 가치평가는 설비배치와 생산공정 시스템 등의 규모의 적정성과 표준화 수준, 시설운용 기준의 체계화 수준과 활용성을 평가한다. 생산기반 시설에 대한 생산규모의 경제원칙과 생산시설 활용성, 생산시설 환경, 생산시설 확장성, 미래 사업환경 대응력 등을 평가한다.

① 생산규모의 경제원칙 평가는 설비투자 규모와 생산능력, 설비표준화 수준과 생산방법, 생산공정 시스템의 작업능률과 제품생산성, 제품생산 수율과 생산원가 표준화 수준을 평가한다.

② 생산시설 활용성 평가는 생산설비 운용과 가동능력, 공정프로세스 조정과 관리 효율성, 생산설비 정비와 유지관리 효용성, 설비 재배치와 철거 용이성 등을 평가한다.

③ 생산시설 환경 평가는 산업 기반시설 접근성과 생산기반 시설의 입지적 조건, 생산시설 규모와 확장성, 생산능력과 시설의 경제적 효용성, 생산시설과 공정라인 관리 효율성을 평가한다.

④ 생산시설 확장성 평가는 생산시설의 구조적 특징과 생산시스템의 효용성, 생산시설의 활용성과 설비규모의 적정성 수준, 생산규모 확장과 공정시스템 구조화 수준 등을 평가한다.

⑤ 미래 사업환경 대응력 평가는 생산설비와 공정시스템 조정 가능성, 설비가동률과 제품생산성 수준, 생산방법 개선과 생산원가 절감수준을 평가한다.

둘째, 동태적 가치평가

동태적 가치평가는 생산기술과 제품특성, 제품 디자인 등의 부가가치 크기와 기대가치 창출성, 제품이미지와 선호도 수준, 시장경쟁력과 매출액 향상성, 마케팅 성과에 대한 기여도 수준을 평가한다. 동태적 측면의 생산 가치는 생산기술과 제품특성의 미래가치 지향성에서 파생되며, 제품특성 가치, 생산기술 부가가치, 생산공정능력 가치 등을 평가한다.

① 제품특성 평가는 생산제품의 사업성장 견인력, 시장경쟁력, 생산기술과 제품의 소비자 친화성, 제품특성의 소비자 욕구와 기

대가치 충족성 등을 평가한다. 평가결과는 영업사업 부문의 마케팅촉진 활동방향 설정과 시장경쟁력 관리에 활용한다.

② 생산기술 평가는 기술연구와 제품개발 프로세스 고도화 수준, 기술의 가치수준과 파급효과, 제품개발 활용성과 생산공정 네트워크 연계성, 제품 혁신성, 기술과 제품의 지식재산권 수준 등을 평가한다. 평과결과는 생산공정 기반 구축과 제품 부가가치 창출 프로세스 구축에 활용한다.

③ 생산 공정능력 평가는 제품생산성과 생산시설의 합리적 운영기반, 생산제품의 시장경쟁력과 시장성장성, 미래사업 제품생산 전환성과 연관사업 제품생산 가능성, 생산기술 확산성과 생산공정 집약성과 등을 평가한다. 평가결과는 공정기술과 생산방법 개발방향, 제품품질과 생산원가 수준관리, 제품경쟁력 관리프로세스 구축에 활용한다.

핵심과제 요점정리 & 학습관점 도출

성장잠재력 평가

평가과제	평가내용
기술 및 제품개발	• 미래지향성과 가치창조성, 기술혁신과 선도적 경쟁력 • 기술과 제품표준화 수준, 공정체계화와 생산효율성 • 생산설비와 생산능력, 생산방법과 생산원가 적정성
정태적 자원	• 생산설비 규모와 장비 표준화, 공정시스템의 작업효율 • 생산설비 능력과 공정조정 효율성, 제품생산 수율 • 공정배치 효율성과 제품생산 및 설비운전 변동성
동태적 자원	• 기술과 제품의 소비자 감성과 본능욕구와 동기 충족성 • 제품개발 고도화와 생산공정 및 시장네트워크 연계성 • 신사업 투자 및 시장성장 견인력과 사업화 영향요인

2. 사업경쟁력 평가

　사업경쟁력은 생산제품의 성장잠재력과 마케팅촉진 활동의 시장성장 견인력에 의해 형성된다. 제품성장 잠재력은 생산기술 연구와 제품개발, 생산방법과 생산 공정시스템 구축 등에 의한 제품특성과 제품품질의 소비자 욕구 충족성에 의해 결정된다. 시장성장성은 제품특성과 이미지, 판매방법과 제품가격, 마케팅 촉진과 서비스 방법, 소비자 욕구충족 수준에 의해 결정된다. 사업경쟁력 향상을 위해서는 생산기술 발전과 진화수준, 제품특성과 기술의 독창성, 생산프로세스 효율성과 제품생산성 향상, 기업과 제품이미지 고도화, 유통기능과 판매방법의 다원성, 서비스 효용성과 소비자 기대가치 향상성 등에 의해 형성된다.

　사업경쟁력 영향요인에서 생산기반 관련내용은 Ⅴ장 1절의 성장잠재력 평가에서 검토된바 있으므로 본 단원에서는 마케팅활동에 의한 시장성장성 관리내용을 구성한다. 사업경쟁력은 마케팅촉진 활동에 의해 조성되며 소비자 동기유발과 욕구 충족성 관리, 유통기관과 시장개발, 서비스 만족도와 고객관계성을 관리하여 시장경쟁력을 향상시킨다. 마케팅 촉진 활동과 시장개발 역할은 다음과 같이 추진된다.

　첫째, 마케팅 촉진활동
　마케팅촉진 활동은 시장개발과 판매촉진, 제품관리로 구분된다. 시장개발은 시장성장성과 경쟁력 분석, 소비자 요구도와 충족성 분석, 제품특성과 이미지 관리를 통해 시장경쟁력을 향상시킨다. 판매촉진은 제품특성과 기능, 품질 포지셔닝과 제품가격, 제품이미지와 디자인, 제품실용성과 서비스, 유통기관과 유통경로 믹스, 제품선호도와 인지도 관리를 통해 시장점유율을 향상시킨다. 제품관리는 신기술과 신제품 개발, 시장경쟁력과 점유율 관리, 제품수요와 잠재시장 규모관리, 소비자 인지도와 제품선호도 관리를 통해 시장성장성을 향상시킨다.

둘째, 시장개발 역할

시장개발 역할은 시장관리와 판매관리, 고객관리로 구분된다. 시장관리는 시장수요와 성장잠재력 분석, 시장규모와 거래선 동향 분석, 유통경로와 서비스를 분석하여 시장경쟁력을 향상시킨다. 판매관리는 제품경쟁력과 판매목표, 제품수주와 납품 및 채권관리, 제품정보와 서비스품질을 관리하여 시장경쟁력을 향상시킨다. 고객관리는 소비계층 분류와 상권 접근성, 고객 요구도와 만족도 차원, 고객 신뢰도와 관계성을 관리하여 시장경쟁력을 향상시킨다. 시장경쟁력 향상은 시장성장성과 제품경쟁력 분석, 제품수요와 공급능력 관리, 제품 시장점유율과 판매방법을 분석하여 마케팅촉진 활동을 추진한다. 신기술과 신제품 이미지 고도화는 소비자욕구와 동기요인 충족성 관리, 성장 주기별 제품특성 차별화 관리, 제품브랜드와 이미지 구축, 고객만족도와 고객관계 관리를 추진한다. 시장경쟁력 지향성의 평가과제는 다음과 같다.

첫째, 마케팅촉진 역할평가

마케팅촉진 역할평가는 목표시장 성장성과 시장점유율, 마케팅 환경과 신제품 특성, 판매촉진 역할과 소비자 반응행동, 목표고객 마케팅 포지션과 정보관리 프로세스, 제품선호도와 기업이미지를 평가하여 촉진전략 프로세스를 구축한다. 시장점유율 향상을 위해 시장세분화 관리와 경쟁력 수준, 시장수요와 성장잠재력, 유통기관과 유통경로를 평가하여 시장점유율 관리방법과 시장경쟁력 향상 프로세스를 구축한다. 시장경쟁력 향상을 위해 소비자 욕구충족성과 잠재시장 성장 촉진, 신제품 기술개발 혁신성과 활용성 향상, 기업이미지와 제품이미지의 소비자 선호도를 평가하여 마케팅 촉진 역할과 고객관리 프로세스를 구축한다.

둘째, 시장개발 능력평가

시장개발 능력평가는 잠재시장 규모와 시장성장 사이클, 신제품의 시장성장 견인력과 경쟁력 수준, 제품매출 현황과 영업이익 기여도를 평가하여 시장성장성을 촉진한다. 시장개발 능력평가는 제품과 서비스 경쟁력, 목표시장 성장견인력과 시장점유율, 소비자 욕구충족성과 만족도 수준, 제품판매 매출액과 영업이익률 실태를 평가하여하여 판매촉진 역할을 설정한다. 제품 차별화 관리를 위해 생산능력과 시장규모, 생산원가와 제품가격 수준, 유통기관과 고객서비스, 고객계층과 매출액 변동성, 소비자 요구도와 고객만족도, 제품판매 실적과 점유율 실태를 평가하여 제품전문화 전략을 추진한다. 소비계층 차별화를 위해 소비계층과 제품 선호도, 제품이미지 수준과 광고·홍보 영향요인을 평가하여 소비계층을 세분화 시킨다.

핵심과제 요점정리 & 학습관점 도출

사업경쟁력 평가

평가과제	평가내용
마케팅 촉진역할	• 소비자 욕구 충족도와 제품특성 및 이미지 수준 • 제품특성과 기능 및 품질 포지션과 제품선호도 수준 • 신기술 및 신제품 속성, 소비자 인지도와 선호도 수준
시장개발 역할	• 시장수요와 성장잠재력, 시장규모와 거래선 동향 • 제품경쟁력과 판매목표, 제품정보와 서비스 경쟁력 • 소비계층과 상권 접근성, 고객신뢰도와 관계성 수준
마케팅 자원	• 목표 시장 성장성과 경쟁기업 실태, 마케팅 환경 분석 • 신제품 개발모델과 판매촉진 역량, 정보관리 프로세스 • 제품특성별 시장 수요예측, 유통경로와 기관의 경쟁력
시장개발 자원	• 잠재시장 규모와 시장성장 사이클, 시장성장 견인력 • 제품매출 규모와 영업이익률, 거래선 종류와 거래물량 • 소비자 요구도 충족과 만족도 수준

3. 재무자산 가치평가

재무자산 가치평가는 경영전략 과제와 목표성과에 따라 평가과제가 설정된다. 기업의 인수합병일 경우에는 기업 지배구조 안정성 확보를 위해 기업설립 자본을 중심으로 재무자산 가치를 평가한다. 기업 인수합병을 위해 선제적으로 기업자본과 재무구조의 안정성을 평가하여 기업운영자금과 투자자산의 적정성이 확립되어야 한다. 기업 인수합병 단계에서 운영자본과 재무구조가 불안정할 경우에는 지속성장성을 추진할 수 없을 뿐만 아니라 경영주체성이 상실될 수 있다. 사업 확장과 신사업 투자를 통해 기업 지속성장성을 추구할 경우에는 기업운영 자산과 사업 투자자금 규모에 의한 재무구조를 중점적으로 평가한다. 기업운영 자산 유동성과 재무자산 투자가치를 평가하여 운영자산이 적재적소에 합리적으로 투입되어 목표하는 기대성과가 산출되도록 자금안정성을 평가한다. 재무자산 가치 평가는 재무계획 자산과 사업운영 자산, 자금 유동성 관리 실태를 평가한다. 재무자산 가치평가 대상 항목은 다음과 같다.

첫째, 재무계획 자산평가

재무계획 자산은 기업안정성 기반의 총자산과 자본구조, 사업계획에 연계되는 총 예산규모이다. 재무자산 예측과 자금운영 상의 과부족자금 편차, 자산운영 지침과 여유자산 투자관리, 매출이익 계획과 자금조달 계획관리 등에 대한 자산운영 포트폴리오 수준을 평가한다.

둘째, 사업운영 자산평가

사업운영 자산은 운영자금 예산계획과 배분관리, 자금유동성과 운영자금 안정성, 사업성과 수준과 손익분기점을 평가한다. 사업운영자산 평가결과에 따라 과부족 자금조달과 여유자금 활용계획을 수립한다.

셋째, 자금 유동성 평가

자금 유동성 관리는 운영자금 활용성 측면의 자본 회전율과 매출이익률, 사업 수익성과 활동성, 생산원가 변동성과 부가가치 생산성, 자산 가치 변동성과 자산규모 확장성을 평가한다.

　재무자산 가치평가를 통해 기업성장성 계획, 영업이익 창출계획, 기업가치 향상을 추진하는 사업투자 계획을 수립한다. 재무자산 가치평가 결과로부터 운영자산 예측과 운영자금 유동성 분석, 자산운영 적정성 수준과 부족자금 조달, 재무적 안정성과 소요자금 조달능력, 매출 총이익률과 자기자본 수익률을 관리한다. 자금 유동성 평가결과에 의해 영업이익 계획과 재고자산 회전율 관리, 여유자금 투자와 고정자산 보존성 관리, 투자자산 안정성과 활동성 등을 관리한다. 재무자산 가치평가에 의해 자산운영 계획과 방침 설정, 자금조달과 운영지침 관리, 사업투자와 자본안정성 관리 기준을 설정한다.

핵심과제 요점정리 & 학습관점 도출

재무자산 가치평가

평가과제	평가내용
재무계획 자산	• 총자산과 자본구조, 총 예산규모와 과부족 자금 • 재무자산 예측과 여유자금 관리, 자산운영 지침관리 • 매출계획과 자금조달 계획, 자산운영 포트폴리오
사업운영 자산	• 운영자금 배분과 사업성과, 운영자금 유동성 • 운영자금 안정성과 손익분기점, 자기자본 수익률 • 투자자산 규모와 수익성, 고정자산 보존성
자금유동 관리	• 자본 회전율과 매출 이익률, 자금 활동성과 수익성 • 생산원가 변동성, 자산 가치변화와 사업규모 확장성 • 영업이익 계획과 매출채권 회전율, 재고자산 회전율

4. 인적자원 평가

　인적자원은 경영전략의 중추적 기능을 수행하는 무한가치 자산으로 분류된다. 인적자원은 사업운영 기반확립과 전략과제 추진 및 목표성과 달성의 중추적 역할을 담당한다. 인력관리 모델과 인적자원 육성, 사업부문별 적재적소 배치와 운영에 의해 인적자원의 가치수준이 결정된다. 인적자원 관리프로세스는 다음과 같다.

　① 조직기반에 의해 인적자원의 역할패턴과 역량요건이 구분된다. 조직구성과 직무편재, 핵심역량과 업무수행요건, 업무권한과 책임범위에 의해 인적자원 모델이 구성된다.
　② 인적자원 구성은 조직기반의 토대에서 할당된 업무목표와 업무성과 관리에 최적화된 전문지식과 실무능력, 조직문화와 업무태도, 업무동기와 업무몰입행동 유형에 의해 분류된다.
　③ 목표인재상은 미래사업 모델운영에 필요한 적재적소의 최적화된 인적자원 모델을 설정하여 업무역량 개발을 위한 교육훈련과 경력관리를 실행한다.

　인적자원 평가는 조직구성 기반과 인력관리 모델, 인적자원 육성역할과 운영체계를 대상으로 한다. 이에 대한 평가과제는 다음과 같다.

　첫째, 조직구성 기반평가
　조직기반은 인적자원 편재와 운영의 토대가 되는 조직구조와 표준 직무편재, 업무프로세스와 성과관리 시스템, 업무책임과 권한 설정 등의 실태를 평가한다.

① 직무종류별 사업계열화 방향과 직무가치별 핵심역량 분류, 목표성과 과제와 조직화 수준 평가
② 직무목표 유형별 직종과 사업계열별 직렬분류 단위, 조직의 수직계열화와 수평적 업무네트워크 체계 평가
③ 사업부문별 직무편재 균형성과 업무목표, 업무성과 과제와 성과관리 역할, 업무성과 연계성과 분산도 수준 평가
④ 사업부문별 조직계열화 적정성과 조직분화 관리, 조직통합과 분화관리 패러다임 평가
⑤ 직무표준화 단위와 직무수행요건 적정성, 인재상 모델구성과 인적자원 육성방법 평가
⑥ 조직구조와 기능 변동성, 편재직무와 업무역량 가변성 평가
⑦ 직무중심 인력편제와 성과관리, 적정인력 배치와 인력활용성, 인적자원 관리 실태를 평가한다.

조직구성 기반평가 결과로부터 조직규모 슬림화와 조직기능 융·복합성, 조직 수직계열화와 수평적 분업화 방향을 설정한다. 직무가치와 핵심역량업무 중심의 의사결정시스템 구축, 업무권한과 책임 명료화를 통해 전략과제 추진력과 목표성과 달성도를 향상시킨다.

둘째, 인력관리 모델 평가
인력관리 모델 평가는 인적자원의 운영과 미래사업 성장성을 추진할 목표 인재상을 설정, 사업역량 전문화 수준과 교육 및 경력관리 방법의 평가한다.

① 직종별 직무편재와 핵심 업무 분포도, 목표과제와 성과내용

이해력, 직무수행요건 충족도와 활용성 실태 평가
② 직렬별 조직계열화와 직무가치 분포도, 편제된 직무수행 지식과 실행능력, 업무방법과 숙련도, 업무동기와 몰입도 평가
③ 목표성과 관리에 업무권한과 책임감, 목표과제 통제와 조정 능력, 업무시스템 운영방법과 전문화 수준 평가
④ 글로벌 사업환경 변화예측력과 적응력, 핵심업무 성과관리 전문화 수준과 실행력, 업무능력 개발과 경험학습 의지 평가
⑤ 목표과제 관리 창조성과 혁신 사고력, 도전의지와 성과관리 리더십 평가
⑥ 목표성과 실행의지와 수평적 계열화 조직의 업무협력성, 기업문화 가치 공유성, 사회적 책임의식 수준 평가
⑦ 직업의식과 성과추진력, 업무정보화 능력과 문제해결력 등을 평가한다.

인력관리 모델 평가결과로부터 인력구성 요건과 업무역량 관리 방향을 설정한다. 난기류 산업환경과 사업성장 패러다임 변화에 순응하는 업무능력 개발과 미래사업 성장성을 견인할 인재상 모델을 설정하여 역량전문화를 위한 교육훈련 방향과 경력개발 방법을 설정한다.

셋째, 인적자원 육성평가

인적자원 육성은 장기간 소요되는 특징을 나타내므로 미래성장 사업운영에 필요한 목표 인재상의 역량을 전문화시켜, 무한한 업무가치 창출을 도모한다. 현재 인적자원 운영실태 보다는 미래사업 성장성을 관리할 인적자원의 적정성 차원을 평가한다.

① 사업 글로벌 확장성과 업무시스템 전문화 수준, 전문 인력 육성 모델과 업무역량 개발방법 평가
② 신사업 투자와 사업업종 전환에 요구되는 실무지식과 업무역량 충족성, 교육훈련 과정과 역량전문화 수준 평가
③ 직렬별 조직계열화 단위의 역량전문화 수준과 경력개발 프로세스, 인적자원 확장성과 역량 다원성 평가
④ 사업성장 주기별 전문지식과 실무능력, 조직문화와 업무태도 업무동기와 몰입행동 적합성을 평가한다.

인적자원 평가결과로부터 미래 성장사업 지향적인 목표 인재상과 인적자원 육성패턴, 업무역량 개발방향과 경력개발 체계를 설정한다. 미래 성장 사업분야의 인력관리 모델과 인적자원의 육성방법에 기초하여 신사업 투자와 사업계열화, 사업 확장성과 신기술 연구, 신제품 개발과 시장성장성 관리에 필요한 인적자원을 육성한다.

핵심과제 요점정리 & 학습관점 도출

인력운영과 육성기반

평가과제	평가내용
조직구성 기반	• 직무종류별 사업계열화와 직무가치별 조직화 방향 • 조직계층과 수직적 분업과 수평적 네트워크 구조 • 조직규모 적정성과 조직분화 및 변화관리 패러다임
인력관리 모델	• 직무목표와 성과과제 이해력, 직무수행요건 충족성 • 역량 전문성과 성과관리 의지, 업무시스템 운영능력 • 직무적응력과 학습의지, 업무추진력과 정보 분석력
인적자원 육성	• 글로벌 능력 확장성, 전문역량 다원성과 변화수준 • 전문지식과 실무능력, 업무동기와 몰입도 학습내용 • 사업계열별 인재상 모델과 경력관리 프로세스 적합성

인적자원 운영체계 평가

운영체계	적정성 평가
조직구성 기반평가	• 인적자원 편제와 운영기준, 직무편재와 업무프로세스 • 조직의 수직계열과 수평 네트워크, 목표성과 연계성 • 조직기능과 역량 가변성, 인재상과 인적자원운영 기준
인력관리 모델평가	• 미래사업 운영인재 육성, 직무수행요건 충족과 적정성 • 핵심역량 성과관리, 업무통제와 조정능력, 리더십 역량 • 성과관리 추진력과 실행의지, 수평계열화 조직 협력성
인적자원 육성평가	• 목표인재 역량전문화, 미래 성장사업 무한가치 생산 • 업무역량 전문화 실행과정, 목표 인재상 적정성 차원 • 계열화 조직역량 관리, 실무지식과 업무역량 개발방법

5. 경영능력 평가

경영능력 평가는 경영자의 경영전략 추진력과 실행의지를 평가하여 기업의 지속성장성과 미래성장 잠재력을 관리한다. 기업의 경영능력은 사업성장성을 지원하는 생산사업 부문과 사업성장성을 견인하는 영업사업 부문, 사업운영을 지원하는 관리사업 부문에 대한 총체적인 리더십과 의사결정능력을 갖추어야 한다. 경영전략 추진의지와 목표성과 실행력, 창의적 목표 지향성과 위기환경 제어력, 문제해결과 혁신관리 매니지먼트 리더십이 필요하다.

경영자의 자질은 경영전략 추진의 최종 의사결정자로서 지속성장성 추진의 사명감과 미래지향성, 전략과제와 목표성과 관리 당위성, 전략관리 생산성과 성과달성 의욕으로 창조적이고 혁신적인 기업 가치를 실현시켜야 한다. 경영자의 지향성은 미래 산업환경 예측과 사업모델 분석, 경영자원 운영 기반 확립과 기업문화 활성화, 합리적 목표과제 선정과 성과관리 프로세스를 구축하여 경영전략 실행력을 향상시켜야 한다. 경영자의 매니지먼트 능력은 경영전략의 논리적 실행역량, 목표과제의 창조성 관리 패턴, 경영계획의 혁신관리 능력이 요구된다. 경영자의 능력평가 기준은 다음과 같다.

첫째, 경영전략의 논리적 실행역량 평가는
① 개방적 심상과 다차원적 아이디어 탐색력
② 미래사업 인지력과 동태적 정보시스템 관리실태
③ 탐색적 지각력과 관계성 분석력, 핵심과제 도출능력
④ 정서적 심인성과 책임관리 행동패턴을 평가한다.

둘째, 목표과제의 창조성 패턴평가는
① 다원적 사고력과 지각내용의 논리적 전개력
② 목표과제 공동체 의식과 경영자원 다원성 관리
③ 핵심 업무프로세스 구축과 글로벌 가치 지향성
④ 다원적 아이디어 탐색과 미래가치 추론행동을 평가한다.

셋째, 경영계획의 혁신관리 능력평가는
① 목표관리 리더십과 성과관리 의지
② 제품가치 혁신성과 글로벌 시장개발 추진력
③ 사업성장성 예측과 시장경쟁력 관리 역량수준
④ 미래기술과 제품사양 모델링 능력을 평가한다.

경영자 능력평가를 통해 경영전략 추진 단계별 지속성장성과 위기요인의 대책관리, 불확실 환경의 문제점 개선과 능률적이고 생산적인 경영전략 실행력을 향상시킨다.

핵심과제 요점정리 & 학습관점 도출

의사결정자 능력평가

평가과제	평가내용
사업기반 확립	• 미래 성장잠재력과 경영자원 구조화, 핵심가치 모델링 • 경영전략 추진의지와 의사결정능력, 위기환경 예측 • 리더십 능력과 창의적 목표지향성, 문제해결 능력
기업성장 관리	• 사업효율화와 생산적 성취의욕, 지속성장 관리 사명감 • 산업환경예측과 사업모델 분석, 경영자원 기반조성 • 목표과제 성과관리 시스템 합리화, 전략실행력 향상
경영전략 실행력	• 목표의식 다각화와 논리적 관점 확립, 창조성 관리 • 경영목표 혁신성과 변화관리 프로세스 구축 • 위기관리 대응력과 문제과제 개선 및 미래가치 개발

제 6 장
경영전략 계획

경영전략은 기업의 중·장기 전략목표의 추진방향을 제시하는 내용이다. 기업발전과 미래 성장성, 신사업 개발과 사업구조 모델링, 경영혁신과 사업방법 개선을 경영전략으로 추진한다. 사업경쟁력 향상을 위해 기술연구와 제품개발, 잠재시장 발굴과 시장경쟁력 향상, 사업성장성과 운영자금 안정성 관리, 마케팅촉진 활동과 영업이익 창출 등의 목표과제를 체계화시킨다.

경영목표 성과관리를 위한 전략체계와 방법, 전략시기와 내용, 목표량과 성과수준, 투입자원과 산출가치, 전략실행과 사업운영 계획을 수립한다. 경영전략의 전사적 의사결정 프로세스는 다음과 같이 구성된다.

① 미래가치 지향성과 합리적 사업운영 기반 조성
② 사업성장성 관리와 변화 및 위기관리 방법 설정
③ 신사업 개발과 사업구조 조정, 사업통합 관리 기반 확립
④ 경영전략 투입자원 계획과 조달, 운영기반 조성
⑤ 경영전략 추진역량과 목표과제 관리환경 설정
⑥ 목표관리 계획과 목표달성 수준을 관리한다.

경영전략 계획의 합리화를 위해 경영전략 체계 구성, 전략요인 추출과 모델링, 목표과제와 성과내용 분류, 전략추진 단계별 로드맵이 수립된다. 경영전략 계획의 지향과제는 사업 지속성장성과 사업 문제점 개선, 사업 안정성 관리가 추구된다. 이에 대한 지향성관리는 다음과 같다.

첫째, 사업성장성 관리
사업성장성 관리는 미래성장 사업개발과 사업역량의 전문화, 생산기반 글로벌화와 마케팅촉진 활동의 차별화를 추진한다.
① 미래 사업환경 변화예측과 사업성장 패러다임 연구
② 기업의 미래 잠재력 예측과 신사업 개발
③ 사업업종과 사업구조 조정, 생산기술과 제품 개발
④ 기업규모 확장과 분업화, 사업계열화 관리
⑤ 전략관리 경영자원과 사업역량 전문화
⑥ 사업환경 변화 대응력과 혁신관리 모델
⑦ 잠재시장 발굴과 제품이미지 고도화 관리
⑧ 시장경쟁력과 시장성장성 관리 계획이 수립된다.

둘째, 사업 문제점 관리
사업 문제점 관리는 사업 구조적 문제점 도출과 개선, 사업운영 문제점의 변화와 기능을 조정한다.
① 문제점 원인도출과 문제수준 분류
② 문제요인의 개선방법과 합리적 지향성 도출
③ 문제점 개선 대책안과 조정방안의 적정성 검토
④ 문제점 개선내용의 혁신성과 가치지향성

⑤ 문제개선 방안의 의사결정 합리성과 가치수준
⑥ 문제점 개선효과와 합리적 운영시스템 구축계획을 관리한다.

셋째, 사업안전성 관리

사업안정성 관리는 경영전략 계획추진에 소요되는 경영자원의 적정성과 사업역량의 충족요건을 관리하여 사업 경쟁력을 향상시킨다.

① 사업규모 적정성과 합리적 의사결정시스템 구축
② 적정 조직규모와 적정정원 운영기반 조성
③ 처우·보상 적정성과 인적자원 역량 개발
④ 사업성과 관리와 업무생산성 향상
⑤ 사업 수익성과 기대가치 향상
⑥ 기업이미지 개발과 기업의 지속성장성을 추진한다.

핵심과제 요점정리 & 학습관점 도출

경영전략 계획과제

전략목표	성과과제
사업 성장성	• 미래가치 관리와 신사업 개발, 사업성장성 관리 • 사업구조 조정과 경영자원과 전략역량 전문화 • 사업모델 혁신성과 기술연구와 제품개발 다원화
문제점 개선	• 산업환경변화와 사업적합성 및 성장잠재력 분석 • 현상의 문제도출과 변화 및 혁신관리 지향성 설정 • 사업성장성과 시장경쟁력 관리 프로세스 구축
사업 안정화	• 사업규모 적정성과 합리적 의사결정시스템 구축 • 조직과 인력 적정성과 생산성 관리프로세스 구축 • 제품이미지 다원화, 고객만족과 관계관리 시스템 구축

1. 목표계획 명료화

목표계획 명료화는 경영전략 추진과제와 목표성과 설정, 전략추진 방법과 성과관리 시기를 체계화시켜 전사적으로 공유한다. 전사적 관점의 미래사업 성장성 관리과제의 당위성 확립과 전략추진 방법의 적정성, 전략추진 역할배분과 전략 실행시기의 합리적 구조 도출, 경영전략과 경영계획의 연계성, 전사적 목표과제와 사업부문별 목표성과의 실현성을 향상시킨다. 목표과제 명료화의 지향과제는 다음과 같다.

첫째, 목표과제 미래지향성
전사적 관점의 미래사업 성장 지향성을 확립한다. 경영이념이 추구하는 기업의 가치개념은 기업 비전에서 달성 가능한 미래모습으로 투영되고, 경영전략에서 추진방향과 목표 도달점이 설정된다. 경영전략은 기업의 미래모습을 실현하는데 필요한 전사전략과제와 사업부문별 목표성과를 시계열별로 구성하여 추진한다. 사업부문 전략은 기업 운영적인 측면에서 관리사업 부문과 생산사업 부문, 영업사업 부문으로 구분하여 목표과제와 성과관리 내용을 구성한다. 기업 지속성장성을 위한 사업부문 전략은 신사업 개발과 사업구조 조정, 신기술과 신제품 연구, 기술개발과 제품개발, 생산 공정혁신과 제품생산성 향상, 마케팅촉진 활동과 목표시장 개발 등의 성과관리 과제를 목표계획에 수립한다.

둘째, 목표과제의 대표성
목표과제의 대표성은 전략과제의 당위성과 목표성과의 전사적 합의에 의해 도출된다. 기업의 미래 성장성 관리 과제를 전사적 측면의 수직계열화와 사업부문별 수평적 의사결정시스템으로 구성하여 전략추진력을 향상시킨다. 전사적 전략과제는 최고경영자의 톱-다운 리더십 방법으로 선정되고, 사업부문의 목표성과는 사업부문 책임자의 보텀-업 의사결정 시스템으로 선정하여 최고경영자에 전달한 후, 수직·수평적 의사결정 체계에서 합의된 내용을 최종안의 목표과제로 선정하여 대표성을 확립한다.

셋째, 목표과제 연계성

목표과제 연계성은 전사적 전략과제와 사업부문별 목표성과 지향성을 실행 방법별로 계열화시켜 전략 실행력을 향상시킨다. 경영전략 추진성과는 경영자원의 활용성과 사업역량 수준, 거시적 환경요인과 미시적 영향요인에 의해 변화된다. 경영자원의 활용성은 전사적 전략과제의 수직계열화와 사업부문별 목표성과의 수평적 네트워크에 의해 전략추진 시너지 효과가 생성된다. 경영전략 실행의 거시적 환경요인은 산업발전과 경제성정성, 사회문화와 정치적 현안에 의해 전략 추진력이 증감되므로 거시적 환경에 부합하는 전략과제와 목표성과를 선정하여 전략실행력을 향상시킨다. 미시적 영향요인은 기술연구와 제품개발, 소비시장과 목표고객, 기업 이미지와 제품경쟁력, 운영자금과 인적자원, 생산시설과 생산능력 등으로 구성된다. 미시적 영향요인은 사업부문별 수평적 네트워크 체계에 연계시켜 전략과제와 목표성과 추진력을 향상시킨다.

넷째, 목표과제 실현성

목표과제 실현성은 사업부문별 목표과제 계열화와 성과관리 통합시스템 구축을 통해 향상된다. 전사적 전략과제와 사업부문별 목표성과를 수직·수평적인 네트워크 체계로 연결시켜 목표계획과 성과관리, 역할 통합과 경영자원 조정, 업무프로세스 계열화를 통해 전사적 목표과제 추진력과 사업무분별 목표성과 달성 시너지 효과를 창출한다.

목표계획이 명료화될수록 최고경영자의 확고한 목표신념이 확립되어 전략추진력이 향상된다. 전사적 전략과제와 사업부문별 목표성과가 구체화될수록 공유성이 향상되어 자주적이고 합리적인 의사결정과 거시적 환경요인에 신속히 대응하면서 경영계획 실행력을 향상시킨다.

핵심과제 요점정리 & 학습관점 도출

목표과제 구성요건

구성요건	지향성
미래 지향성	• 경영이념 지향성과 비전실현 목표과제, 전략 방향성 • 미래 경영전략 계획과 성과관리 로드맵 체계화
전사 합의성	• 전사전략과 사업전략의 목표과제와 시스템 연계성 • 수직적 의사결정과 수평적 커뮤니케이션 네트워크
목표 연계성	• 거시환경의 전사적 대응력과 목표과제 적합성 관리 • 미시적 환경관리 역량전문화와 목표성과 추진력 향상
성과 실현성	• 목표과제 계열화와 역할·조정·성과 산출 균형관리 • 목표성과 통합관리 시스템과 유연성 및 자주성 확립

2. 사업환경 요인관리

경영전략의 환경요인은 거시적 측면의 사업구조 기반조성 환경과 미시적 측면의 사업운영 체계구축 영향요인이 작용된다. 거시적 환경요인은 기업의 미래 사업성장 모델과 사업관리 프로세스 구축, 경영자원관리 시스템 설정에 관여된다. 산업성장성과 기술발전 패러다임, 정부정책과 경제성장성, 산업자원과 노동시장 환경, 사업업종과 사업규모, 시장성장 잠재력과 소비자 생활패턴 등이 거시적 환경요인으로 작용한다. 미시적 영향요인은 당면한 사업구조에서 기업 생존권 확립과 사업의 지속성장성 관리에 관여되는 내용으로 구성된다. 경영목표와 사업역량, 재무적 자산과 운전자본, 생산제품과 시장경쟁력 등이 미시적 영향요인이다.

경영전략 과제의 목표성과 관리와 사업성장성 관리, 시장경쟁력과 시장점유율 향상을 추구하는 과제들이 전략추진력을 향상시킨다. 경영자원 적정성 관리를 위한 생산기술과 제품생산 방법, 인적자원과 목표인재, 사업역량 개발방법을 표준화시킨다. 재무자산 안정성과 기업이미지 향상, 소비자 관계수준과 욕구충족성 관리, 전략목표 실행력과 전략성과 추진력을 향상시키는 미시적 영향요인의 충족성을 관리한다. 사업환경 요인의 최적화를 위한 실행과제는 다음과 같다.

첫째, 생산기술 지향성

생산기술은 제품특성과 품질, 생산원가와 제품경쟁력, 제품선호도와 이미지 등에 영향요인으로 작용된다. 제품의 성장잠재력과 미래사업 성장성을 지원하는 촉매제 역할을 한다. 기초기술 연구와 제품개발, 생산방법과 신공정 프로세스 구축, 생산원가 절감과 생산수율 향상을 지향하는 생산 기술개발 시스템을 구축한다. 기초기술 연구를 통해 응용기술과 상용기술을 개발하고 지적 재산권 확보와 제품생산 공정시스템 구축을 통해 생산방법의 최적화를 구현한다. 생산기술 연구와 제품생산 기술 개발이 불가능할 경우에는 로열티 비용을 지불한 후 필요한 기술을 확보하여 생산기술 활용의 다각화 방안을 강구한다.

둘째, 사업조직 계열화

사업조직은 편재된 표준 직무를 수행하여 전략과제 추진과 목표성과를 달성하는 업무분야 구성의 기본단위이다. 조직에 편재된 직무속성별로 수직적인 시스템 체계를 갖추거나 수평적 네트워크로 연결되어 전략과제 추진과 목표성과를 실행하는 기준이 된다. 사업조직의 계열화는 직무속성과 업무역할의 패턴에 따라 직종과 직렬, 팀 또는 부서 조직으로 분화된다.

① 직종 분류는 편재된 직무속성과 직무 목표성향을 동질적인 그룹으로 분류하여 관리직종과 생산직종, 영업직종 단위로 구분한다. 이때 생산직종의 직무가 편재되지 않는 기업은 서비스 직종을 설정한다.

② 직렬조직 계열화는 직무성향별로 분류된 직종단위를 기준으로 업무흐름을 계획과 진행, 관리·통제와 결과·성과활용 단계로 구분하여 직렬조직을 설정한다. 이때 사업규모가 클 경우에는 직렬단위가 세분화되고 적을 경우에는 통합된다. 직무속성이 동질적인 대분류 단위의 직종과 목표성과 유형이 동일한 중분류 기준의

직렬로 구분한다. 관리직종의 직렬 분류는 경영기획 직렬과 경영관리 직렬, 재무회계 직렬과 총무노무 직렬, 구매·자재 직렬 등으로 구성된다. 생산직종의 직렬분류는 기술연구 직렬, 제품개발 직렬, 공정설계 직렬, 생산관리 직렬, 품질관리 직렬, 제품서비스 직렬, 공무관리 직렬, 전기소방 직렬, 환경안전 직렬 등으로 구성된다. 영업직종의 직렬분류는 영업기획 직렬, 마케팅전략 직렬, 광고홍보 직렬, 시장개발 직렬, 물류유통 직렬, 고객관리 직렬, 제품판매 직렬 등으로 구성된다.

③ 실·부·팀 단위 조직계열화는 직렬조직을 기본단위로 하여 직무유형의 패턴과 직무수행 방법별로 세분화하여 구성된다. 경영기획 직렬의 하위조직은 경영전략팀, 경영기획팀, 사업개발팀, 경영혁신팀 등이며, 기업 규모에 따라 팀 조직구성을 세분화하거나 업무영역별로 통합하여 조직을 구성한다. 경영관리 직렬은 경영관리팀, 인사관리팀, 교육연수팀, 복리후생팀 등으로 구성된다.

다른 직렬조직도 동일한 패턴으로 세분화되며, 조직계열화 단위별로 경영전략 추진 역할이 할당된다. 직종 계열조직에는 전략과제와 목표성과 단위가 설정되고 직렬계열화 조직에는 목표과제와 성과내용이 할당되어 목표 지향성과 성과관리 방법이 구성된다. 부·팀 조직단위에는 경영계획에 따라 성과과제를 실행하는 역할을 분담된다.

조직계열화 구조에서 직종과 직렬, 팀 조직단위는 수직적인 체계로 연결되어 동일한 목표지향성을 갖는 의사결정시스템이 운영된다. 수평적인 업무네트워크로 연결되는 직종 조직과는 커뮤니케이션에 의한 목표성과 균형성과 협력성 관리로 사업 성과추진의 시너지 효과를 도모한다. 생산직종의 생산제품이 영업직종의 마케팅촉진 활동에 의해 시장성장성과 시장경쟁력이 확보된다. 영업직종에서 판매할 신제품을 기획하여 생산직종에 기술개발과 제품생산을 요청할 경우 생산직종에서 이를 실행하는 등의 상호협력과 지원체계가 형성된다. 이러한 생산과 영업사업 활동에 필요한 경영자원은 관리직종에서 지원한다. 조직의 계열화는 직종과 직렬분야 조직의 균형성 관리뿐만 아니라 수직적 업무시스템의 목표과제 공유성과 수평적 업무네트워크의 성과관리 연계성이 확립되어야 전략실행력이 최적화된 조직모델로 구성된다.

셋째, 인적자원 다차원성

인적자원은 경영전략 실행의 가장 중요한 핵심요소이다. 사업부문별로 전략과제와 목표성과가 설정되더라도 인적자원의 업무역량이 적절하지 못할 경우에는 전략추진력이 떨어진다. 목표과제를 수행할 인적자원의 구성과 역량요건이 충족되어야 목표성과 달성을 최적화시킬 수 있다. 단위 조직별로 구성되는 인적자원은 담당 직무의 역량가치 수준에 부합되는 수행요건이 충족되어야 성과지향적인 역할을 수행할 수 있다. 중장기 경영전략에서 추진하는 목표과제는 다차원적인 사업환경에 부응하면서 목표성과가 추진된다. 이에 따라 인적자원의 업무역량도 다차원성이 요구되므로 융·복합적인 전문능력 개발이 필요하다.

넷째, 기업문화 가치 지향성

기업문화는 기업의 상징성인 이미지와 조직원들의 업무역할에 수반되는 가치개념으로 구성된다. 경영이념의 철학적 사조와 기업비전에서 제시되는 사업모델의 토대가 되어 업무책임과 목표의지,

업무역할과 업무협력, 업무동기와 몰입행동 등의 지향성이 기업문화 가치차원으로 표출된다. 기업문화는 가치차원이 높을수록 조직 협력과 업무추진력, 목적지향성과 성취의욕이 향상된다. 기업문화의 고차원화는 지속성장성 개념 확립과 혁신적이고 창의적인 성과관리 업무프로세스 구축을 통해 실현된다. 기업문화의 고차원화를 위해 경영전략 체계의 확립과 경영정보 공유성 향상, 자율적인 의사결정 시스템 구축과 소집단 중심의 정서성 활동 등을 통해 기업문화를 활성화시킨다. 전사적 전략과제 공유성과 이해력 향상, 목표성과 관리의 책임감과 조직협력성 향상으로 기업문화 가치를 활성화시킨다.

핵심과제 요점정리 & 학습관점 도출

경영전략 환경요인

구분	환경요인	경영전략 지향과제
거시적 환경	미래기술, 경제성장, 소비시장, 정부정책	• 신사업 모델개발, 경영프로세스 구축, 경영자원 개발, 사업구조 조정과 인수합병, 연구·기술·제품개발 전략
미시적 환경	사업업종, 사업규모, 경영자원, 영업이익	• 사업규모와 경영목표 관리, 조직역량과 재무능력 관리, 생산능력과 원가, 시장경쟁과 점유율, 기업이미지
사업 운영	생산기술, 조직구성, 인적자원, 기업문화	• 조직목표와 성과과제, 적정인력과 역량, 기업문화가치, 제품·기술·품질 차별화, 제품이미지와 생산수율

전략 환경기반 구축

전략 환경	운영기반 구축
기술적 요인	• 기초기술과 상용기술 연구와 응용기술의 집적화 • 생산기술 혁신성과 생산원가 절감, 제품 선호도 향상
조직화 모델	• 목표과제 구성의 수직계열화와 역할할당의 균형관리 • 성과관리 수평네트워크와 업무방법과 역할공유 관리
인력 자원화	• 인력 적정성과 역량전문화 및 성과과제 책임관리 • 미래 인재육성과 융·복합역량 개발 교육프로그램 운영
기업문화 정착	• 기업 상징적 의미 공유와 미래지향적 가치개념 확립 • 기업 공동체 의식과 목표 추진력 및 업무동기 활성화

3. 사업성장과 제약요인 관리

경영전략 수립과 목표성과 관리 과정에는 다양한 영향요인이 작용되며 기업성장성을 견인하기도 하고 성장환경을 교란시키기도 한다. 경영전략의 거시적 환경요인은 기업의 통제가 불가능한 요인이므로 기업이 순응하면서 기회와 장점요인을 탐색하여 성장전략 개발을 모색한다. 미시적 영향요인은 경영전략 실행의 최적화된 조건으로 통제·조정하여 사업성장성과 경쟁력 향상을 추진한다. 가시적 환경의 대응력과 미시적 영향요인의 관리방안은 다음과 같다.

① 거시적 환경요인의 대응력 향상을 위해 현재와 미래의 산업

환경 패러다임, 글로벌 시장규모와 성장잠재력, 시장성장성과 경쟁기업 영향력, 지역사회 규범과 소비자 반응행동, 정치·경제·사회적 환경을 분석 및 예측한다. 이를 통해 거시적 환경에 부합하는 전략과제 선정과 목표성과 달성수준을 설정하여 전략실행력을 향상시킨다.

② 미시적 영향요인은 기업 비전과 경영능력, 경영자원과 사업역량, 조직구성과 인력편제 등이 구조적 영향요인이며 생산기술과 생산방법, 제품특성과 품질수준, 마케팅촉진과 판매관리 등이 운영요인으로 작용된다. 구조적 영향요인의 제도개선과 관리체계 확립으로 사업성장 환경을 조성하고, 운영요인은 업무방법과 업무역량 전문화로 사업성장성을 견인시킨다. 시장경쟁력 향상을 위해 제품생산과 공정프로세스, 제품특성과 품질관리, 원부재료 조달과 생산원가 관리 등의 사업운영 기반을 최적화시킨다. 시장성장 추진을 위해 마케팅 촉진과 제품특성, 영업방법과 유통기관, 시장점유율과 영업이익 관리, 고객 충성도와 관계성 등이 사업관리 체계를 최적화시킨다.

거시적 환경요인과 미시적 영향요인이 경영전략과제와 목표성과 관리 패턴에 부합할 경우에는 사업성장 장점요인과 기회요인으로 작용하고 불일치될 경우에는 위기 및 단점요인으로 작용된다. 특히 통제·조정이 불가능한 거시적 환경요인이 경영전략 구성단계에는 긍정적 환경요인으로 작용되다가 목표성과 실행단계에서 부정적인 환경으로 전환되는 경우에는 전략과제와 목표성과 수준의 변화·조정이 필요하다. 이와 반대인 경우에도 전략과제와 목표성과 수준을 조정한다. 미시적 영향요인을 통제·조정할 경우에는 조정과제들이 상호충돌 현상이 발생되지 않도록 조정한다. 제품개발을 통해 시장을 성장시킬 것인지, 시장경쟁력을 향상시킬 것인지에 따라 제품특성과 기능의 전문화 수준과 개발방향이 달라진다. 소비자계층을 세분화하여 마케팅촉진 활동을 추진할 경우에도 소비자 계층별로 시장점유율 향상시킬 것인지 제품특성과 기능을 단순화시켜 매출액을 향상시킬 것인지에 대한 방향설정이 필요하다.

첫째, 사업구조 계열화

사업구조는 미래 산업환경과 사업성장성, 사업분야와 경영능력, 사업 성과와 경영자원에 의해 결정된다. 거시적 환경요인에 순응하는 사업모델과 미시적 영향요인의 목표성과 지향성에 따라 사업계열 분리와 구조조정 방향을 설정한다. 사업분야가 다양할 경우에는 사업분야별로 사업구조를 계열화시키고 단일 사업분야에서는 업무프로세스별로 사업구조를 체계화 시킨다. 사업계열화 방향은 사업유형과 사업분야별 계열화, 제품특성과 소비계층 계열화, 사업지역과 소비시장별 계열화를 추진한다.

둘째, 사업운영 프로세스 체계화

사업운영 프로세스는 목표과제 추진과 성과관리, 목표과제 변화·조정과 목표성과 실태평가, 산학협력과 제품·부품의 외주생산 관리 등의 역할 지향성을 체계화하여 목표과제 추진력과 성과달성 수준을 향상시킨다. 전략과제 실행방법의 시스템 구축, 전략실행내용과 실행시기의 계열화를 통해 시너지 효과를 향상시킨다. 외주기업의 협력관계에 따라 생산기술과 품질지도, 경영자문과 운영자금을 지원하여 생산능력 확장을 도모한다. 경영전략 과제와 목표성과 관리과정에 영향을 미치는 성장 및 제약요인 정보 분석 지향성은 다음과 같다.

① 현상실태 정보보다 미래예측과 추론 정보 중점관리
② 양적 데이터 정보보다 질적 가치의 예측 정보 중점관리
③ 과거의 실증 현상보다 미래예측 내용 정보 중점관리
④ 정태적 현상 정보보다 동태적 변화추론 정보 중점관리
⑤ 현재 산출가치보다 미래의 잠재적 가치 정보 중점관리
⑥ 현상 투시 정보보다 원인이 추론되는 정보 중점관리
⑦ 수직적 시스템에서 도출한 정보보다 수평적 커뮤니케이션 과정에서 도출한 정보 중점관리
⑧ 개념추론 정보보다 상황논리로 추론한 정보 중점관리
⑨ 원인과 결과에서 도출한 정보보다 매개요인과 환경요인 분석 결과에서 도출한 정보를 우선시 한다.

경영전략의 성장 및 제약요인 분석정보는 고성장기 환경에서 저성장기 환경으로 변화될수록 더욱 중요시 된다. 고성장기 환경의 경영전략 지향성은 규모의 경제원칙이 추구되면서 사업분야와 사업규모, 생산능력 향상과 제품종류 다양화, 유통기관 전문화와 유통경로 다양화, 시장성장성과 고객관리 확장성을 추진한다. 저성장기 환경에서는 경영전략 지향성이 기업 생존성과 미래사업 성장기반 확립에 목표를 둔다. 기술개발 고도화와 융·복합화 추진, 잠재시장 개발과 사업역량 집중화, 조직슬림화와 업무역량 전문화, 제품다각화와 품질 고급화를 추진하면서 미래 사업성장성을 추구한다.

핵심과제 요점정리 & 학습관점 도출

성장 및 제약요인 정보관리

목표과제	제약요인 조정	미래성장성 관리
사업모델 관리	실증적 사례 정보	예측 및 추론 정보
	현재 산출가치 정보	미래 기대가치 정보
경영자원 관리	양적 데이터 정보	질적 수준 정보
	논리성 추론 정보	기대상황 추론 정보
사업운영 관리	과거 현상 정보	미래추정 모델링 정보
	현상 명료성 정보	원인 명료성 정보
사업성과 관리	정태적 현상 정보	동태적 변화추정 정보
	수직적 결과도출 정보	수평적 의사결정 정보
사업성과 지원	원인과 결과도출 정보	매개와 환경요인 예측 정보
	사업추진율과 성과관리	목표과제 변화·조정관리

4. 사업 지속성장성 관리

　기업성장성은 미래 산업환경 변화와 사업성장 패러다임, 거시적 환경요인과 미시적 영향요인에 의해 사업성장 방향이 설정된다. 거시적 환경요인은 산업 글로벌화 패턴과 정치·사회·경제적 환경, 소비시장의 변동성과 경쟁기업 사업모델이 사업성장성 전략에 관여된다. 미시적 영향요인은 경영자원과 사업역량, 경영자 리더십과 기업문화 가치 지향성 등이 전략과제와 목표성과 설정에 작용된다. 거시적 환경요인과 미시적 영향요인에 의한 사업 지속성장성 관리를 위한 추진과제는 다음과 같다.

첫째, 미래 산업환경 예측

미래 산업환경 예측은 사업생태 변화와 미래기술의 발전패러다임을 예측하여 사업업종과 사업분야를 모델링 한다. 사업성장 주기와 사업성장 잠재력 분석, 경쟁기업의 사업모델과 사업개발 방향 분석, 정치·사회·문화요인과 소비자 욕구충족 수준에 의한 시장성장성 관리방법을 설정한다. 경영능력과 경영자원 수준, 목표과제 추진력과 성과관리 프로세스에 의해 사업성장성 관리 모델을 설정한다. 미래 산업환경 변화관리 패러다임 예측과제는 다음과 같다.

① 미래 산업환경과 사업생태계 예측을 위해 신산업과 사양 산업, 고성장 산업과 저성장 산업, 첨단사업과 국가기반산업, 창조성 산업과 폐쇄산업을 분석하여 사업성장 잠재력을 예측한다. 산업성장 영향요인 연구와 기술발전 패러다임, 기술개발 역량과 제품개발 사양, 생산가치 수준과 소비자 욕구충족성을 분석하여 시장경쟁력을 예측한다. 사업입지와 사업 투자환경, 생산기반 시설과 공정프로세스, 소비시장 규모와 경쟁기업 영향력, 정치·사회·경제시스템을 분석하여 사업모델을 설정한다. 산업 생태계 영향요인은 사업성장 견인력과 영향력 수준분석, 사업모델의 잠재가치를 평가하여 기회요인 및 장점요인에 의한 사업성장성 관리와 위기 및 단점요인의 대응방안을 관리한다.

② 기술발전 패러다임 예측을 위해 생산기술과 제품기술 연구 능력, 기초기술 및 응용기술 개발 방향, 제품 및 품질설계 능력, 전문기술과 융합기술 활용성 등을 분석하여 사업성장 잠재력을 예측한다. 생산기술과 공정기술 고도화 수준, 기술연구 전문화 수준과 진행률 분석, 원천기술과 응용기술 활용성을 분석하여 시장경쟁력을 예측한다. 기술발전 패러다임과 기술의 사업화 과제, 기술 활용성과 시너지 효과를 분석하여 사업모델을 설정한다.

③ 사업과 제품의 성장주기 예측을 위해 현재사업 확장과 전문화 수준, 사업규모 축소와 통합 및 폐쇄, 신사업 성장 동력과 잠재시장 발굴에 의해 신사업 개발 방향을 설정한다. 신사업 태동기는 제품성장 잠재력과 대체재·보완재 제품전환 가능성, 경쟁제품 등장과 제품 다양성 관리, 소비시장 성장성과 지역분산도, 상권집중화 성향과 소비계층 분화 현상을 분석하여 사업업종을 리모델링한다. 사업성장기와 성숙기 제품은 시장점유율과 경쟁력 수준, 사업규모 확장과 생산기술 전문화, 제품특성 다양화와 제품사양 전문화, 제품생산성과 생산원가 실태를 분석하여 시장성장 잠재력을 예측한다. 기업이미지와 제품이미지 수준, 마케팅촉진과 유통기관 세분화, 소비자 만족도 수준을 분석하여 시장경쟁력을 예측한다. 저성장기 사업과 포화기 제품은 신규투자 억제와 사업규모 조정, 사업조직 슬림화와 인적자원 전환배치 실태를 분석하여 사업구조 조정과 통폐합 모델을 설정한다. 신기술과 제품연구 역량 전문화, 소비욕구 탐색과 고객관계성 강화, 제품차별화와 서비스 전문화 수준을 분석하여 사업분야 전환과 대체재 및 보완재 개발에 의한 시장점유율 향상을 추진한다. 사업혁신과 변화관리, 미래

사업 대응력과 신사업 모델개발, 잠재시장 개발프로세스 체계 구축을 통해 현재 사업의 경쟁력과 미래 사업모델의 성장성을 추구한다.

④ 기업 사업모델의 계열화를 위해 사업 확장성과 사업전문화, 사업슬림화와 사업계열 통합·조정, 사업업종 다양화와 연관사업 확장실태를 분석하여 사업구조 조정과 사업계열화 모델을 설정한다. 기술개발과 설비투자, 생산제품과 물류시스템 계열화, 제품홍보와 마케팅촉진 활동, 이종사업과 동종사업 제품특성 계열화 현황을 분석하여 시장경쟁력 관리방안을 설정한다. 성숙기 제품의 생산기술과 포화기 제품이미지, 제품전문화 수준과 제품 차별화 수준 등을 분석하여 마케팅촉진 다차원성과 시장경쟁력 향상을 추진한다. 쇠퇴기 사업의 통·폐합과 사업규모 축소, 사업구조 조정과 사업통합, 이업종 사업의 매각과 폐쇄, 저성장성 사업과 경쟁사업의 계열분리 현상을 분석하여 위기사업의 성장성 향상방법과 투자모델을 개발한다.

둘째, 경영전략 체계화
경영전략 체계화는 미래 환경의 기술개발 방향과 사회기능 변화, 경제정책에 따른 사업우선 순위, 중·장기 전략방향과 전략 로드맵을 구성한다.

① 기술개발 방향성 검토를 위해 미래 기초기술과 응용기술 연구, 신사업 기술과 융·복합기술 고도화, 기술기반의 사업 분화와 전문화 수준을 분석하여 시장 성장잠재력 향상을 추진한다. 상용화기술 집약성과 생산설비 자동화, 생산수율 향상과 생산원가 절

감, 공정 표준시스템 구축과 제품생산성 수준을 분석하여 시장경쟁력과 시장점유율 향상을 추진한다.

② 사회기능 변화과제 탐색을 위해 주력제품 상권 분포도와 사업 기반구조, 소비자 계층과 소비행동변화 패러다임을 분석하여 사업성정 잠재력을 예측한다. 사회구조와 소비시장 규모, 산업기반과 주거환경 분포도, 상권구조와 인구밀집도, 지역사회 접근성과 물류·교통망, 사회문화와 지역사화 확장성을 분석하여 사업모델과 목표시장을 설정한다. 소비행동 패러다임 변화와 정주인구 변동률, 소득계층 분포와 소비생활 리듬, 소비생활 반경과 유통기관 분포도, 지역토착 의식과 지역사회 문화가치를 분석하여 유통경로 선정과 제품개발 및 마케팅 촉진활동 방향을 설정한다.

③ 국가 경제정책 탐색을 위해 국가 경제정책 방향과 기업 경영전략 추진모델 연관성, 국가경제 정책과제의 산업발전 촉진성, 사업투자와 사업규모 확장계획의 정책지원 가능성을 분석하여 신사업 개발과 사업업종 전환 방향을 설정한다. 신사업 모델의 국가 경제정책 의존성과 미래사업 성장 환경, 사업성장 견인력과 경제정책 변화 패턴, 원천기술 개발능력과 국가 선도 기술 지원정책, 기술개발 지향성과 산·학·연 기술연구 기반을 분석하여 신사업 개발 모델을 설정한다.

④ 중·장기 전략 목표성과 향상을 위해 기업이 당면한 환경요인과 경영전략 우선순위, 미래 성장사업화 능력과 현재 사업모델 성장추진력, 기업성장 전략과 경영혁신 전략을 분석하여 경영전략 과제를 도출한다. 사업규모의 양적 확장성과 질적 수준의 전문화,

제품특성과 기능합리화 과제, 제품선호도와 이미지 확장성을 분석하여 경영전략 목표성과 과제와 수준을 설정한다. 시장경쟁력과 시장점유율, 소비자 요구충족과 제품품질, 생산원가와 고객관계관리 수준을 분석하여 시장성장성과 점유율향상을 추진한다.

⑤ 전략 로드맵 실효성을 위해 전략과제와 목표성과, 경영자원과 업무역량, 성과관리 방법과 성과관리 우선순위, 사업시기와 지속기간을 분석하여 시계열별 로드맵 체계를 확립한다.

셋째, 목표과제 성과추진력

목표과제 성과추진력 향상을 위해 목표과제 투입요소와 기대가치 수준, 경영자원과 사업역량의 적정성 수준, 목표과제 성과달성 수준을 분석하여 성과관리 프로세스를 구축한다.

① 목표과제 성과달성을 위해 신사업 개발 방향성과 사업구조조정, 사업계열화와 성과관리 시스템, 제품·시장·고객관리 프로세스 분석을 통해 목표과제의 질적·양적 성과단위 수준을 설정한다.

② 목표성과 가치지향성 향상을 위해 사업 확장성과 업무역량 전문성, 기술개발과 제품 생산역량, 잠재시장 개발과 시장점유율, 시장성장성과 영업성과 달성도 분석을 통해 매출액과 영업이익률 향상 방법을 설정한다. 소비자 기대가치 충족성과 만족도 수준, 제품특성 다양성과 이미지 고도화, 소비시장 세분화와 유통기관 전문화 실태를 분석하여 시장점유율 향상을 추진한다.

③ 성과관리 효율성 향상을 위해 전사적 의사결정 프로세스와

경영전략 정보공유, 경영자원 관리와 운영시스템 수준, 단기운영자원과 장기 활용자원을 분석하여 경영자원 전문화를 추진한다. 팀 목표성과 실행 주기와 성과단위, 전사적 목표과제와 사업부문 목표과제 연계성 분석 후 경영자원 통합·조정 기준을 설정한다.

④ 성과관리 프로세스 체계화를 위해 사업 계열화와 목표과제 성과관리 프로세스, 생산기술과 제품특성 계열화, 소비계층과 제품이미지 차별화, 제품종류와 유통기관 계열화, 고객관계 차원과 서비스 차별화 수준 분석 후 목표성과 관리프로세스를 구축한다.

넷째, 사업 지속성 관리
산업환경 영향요인과 미래성장 사업 추론에 의한 기업 지속성장성 관리를 위해 경영전략 지향성과 목표과제 실행력을 향상 시킨다. 사업 지속성장성 관리 과제는 다음과 같다.

① 사업다원화 환경에서는 주력사업 역량 집중화와 제품특성 전문화, 제품 이미지 고급화와 마케팅촉진 차별화 추진
② 저성장 환경에서는 사업구조 통합조정과 제품특성과 기능 단순화, 제품 저가격 판매와 소비시장 세분화 추진
③ 고성장 환경에서 사업융합 관리와 사업역량 전문화, 제품 다원성과 서비스 동질성, 소비시장 세분화와 시장점유율 관리
④ 불확실 환경에서는 사업세분화와 제품특성 다양화, 제품브랜드와 이미지 다원화, 마케팅촉진 계열화와 기동성 경영전략을 추진한다.

사업 지속성장성 관리는 산업환경변화 대응력 향상과 합리적인

미래 성장사업 모델 개발을 추구한다. 경영전략 과제와 목표성과 선정, 경영목표관리 방법과 역할 체계화, 경영자원 적정성과 사업역량 충족도 관리, 경영계획 실행프로세스 체계화를 통해 미래가치 창조성 사업모델의 개발과 발전을 지향한다.

핵심과제 요점정리 & 학습관점 도출

사업성장성 관리

관리과제	관리내용
미래산업 환경예측	• 미래 산업 생태계, 산업성장 영향력, 기회와 장점요인 • 기술개발 패러다임, 기술고도화 수준과 활용성 패턴 • 산업성장 패러다임, 신산업 성장 동력, 사업개발 방향 • 사업계열별 투자모델, 사업전문화와 슬림화 과제
경영전략 체계화	• 미래기술 테크놀로지, 고도화 기술 전문성과 상용성 • 사회계층 변화와 경제기반, 소비자 욕구충족 행동 • 경제정책 방향과 사업투자 관리, 사업기반과 기술개발 • 전략 우선순위와 대응역량, 제품품질과 서비스 고도화
목표과제 명료화	• 목표수준과 성과가치, 경영자원과 경영능력 전문성 • 사업 확장과 기대가치, 목표관리 프로세스 표준화 • 자원투입과 성과가치 모델, 목표과제 통제·조정 시스템 • 목표과제와 성과내용 계열화, 소비시장과 고객 계열화

사업 지속성장성 과제

과제	목표	성과관리 내용
미래 환경 예측	미래사업 생태계	• 신산업 고성장성, 첨단산업과 창조성 경영, 미래 성장사업 예측과 사업개발 프로세스
	기술발전 패러다임	• 기초기술과 응용기술, 제품과 품질설계 기술, 전문기술과 융합기술, 생산 및 공정기술 개발
	산업성장 사이클	• 사업 확장과 전문화, 태동기 사업화, 성장기 전문화, 성숙기 고급화, 쇠퇴기 변화와 혁신
	사업모델 계열화	• 사업 확장과 다양성, 생산기술과 제품이미지 전문화, 사업통합과 축소, 이업종 매각관리
전략 체계화	기술개발 방향성	• 기술기반 사업모델, 생산성과 생산수율 향상, 제품특성과 이미지 경쟁력 향상, 기술 전문화
	사회기능 변화탐색	• 소비계층과 구매행동 패턴, 상권과 인구밀집도, 지역접근성과 문화 확장성, 시장규모 관리
	국가경제 정책검토	• 산업성장과 정책패턴, 사업모델과 성장잠재력, 환경변화와 정책탄력성, 동종 사업화 계획
	중장기 전략방향	• 미래 환경대응과 추진력, 성장과 혁신전략, 양적확장과 질적 성장, 시장경쟁과 점유율
	전략단계 로드맵	• 전략과 목표배열, 경영자원과 역량배분, 목표 순서와 성과수준, 사업기간과 역할단계 관리
과제 명료화	추진과제 성과단위	• 사업개발과 계열화, 성과관리와 기능조정, 성장성과 성과달성, 경쟁력과 점유율 관리
	성과수준 산출가치	• 기대치와 달성도, 효율성과 생산성, 향상성과 혁신성, 구조개선과 기능조정, 기대치, 잠재성
	사업관리 투입요소	• 시스템과 네트워크, 전사의견과 경영방침, 경영자원과 사업성과, 투입과 성과, 목표와 자율
	연계성과 프로세스	• 기초기술과 제품계열, 시장규모와 사업계열, 경영자원과 제품종류, 유통기관과 고객관계

제 7 장
경영전략 실행

　경영전략 실행은 경영전략 과제와 목표성과를 전략 로드맵 체계에 따라 성과를 구현하는 과정의 역할이다. 경영전략의 실행과정에는 전략목적과 성과과제, 전략추진 방법과 시기, 경영자원과 사업역량의 다양성이 존재한다. 현재 사업환경과 미래 사업영향요인, 산업성장 주기와 사업성장 모델의 불투명성으로 전략과제 도출과 성과목표 선정이 어렵다. 경영전략 실행패러다임의 복합성과 목표성과 기대치의 다원성, 목표성과 차원과 성과내용의 차이로 인해 목표성과의 활용성과 전략추진력이 반감된다. 전략실행 과정에는 경영전략 추진단계별 실태점검과 달성도 수준, 목표과제와 실행방법의 통제·조정이 필요하다. 급변하는 사업환경 변화에 최적화된 전략 추진체계가 구축되어야 지속성장성이 실현되는 경영전략 체계와 실행방법을 확립할 수 있다. 경영전략 실행의 효율화 방향은 다음과 같다.

① 전략과제와 목표성과의 전사적 성장지향성 및 사업부문별 실행과제의 합목적성과 전략추진 체계 일관성 유지
② 전략과제와 목표성과 추진 단계별 미래성장 사업기반의 목

표성과 창조성, 실행방법의 혁신프로세스 운영

③ 경영자원 적정성과 충족수준 관리, 적재적소 배분과 운영 효용성, 소요자원 투입과 산출효과 평가관리

④ 전략 로드맵과 경영계획 실행프로세스 체계화, 전략실행 정보의 전사적 공유와 생성정보의 상시 등록관리

⑤ 전략과제 실행방법과 목표성과 관리내용의 시계열 연계성과 통합적 통제·조정

⑥ 전략과제 실행 영향요인과 변수분석, 문제해결 시스템과 전략추진 프로세스 변화·조정

⑦ 전략실행 단계별 경쟁기업 영향력과 불확실성 환경예측, 위기관리 대응체계 구축

⑧ 전략과제 실행성과의 전사적 확산과 사업부문별 공유, 이미지 홍보와 시장성장성 견인을 추진한다.

핵심과제 요점정리 & 학습관점 도출

경영전략 실행관리

전략실행	지향성	관리내용
전략구성 과제	목적성	• 전사적 및 사업부문 전략 일관성
전략목표 설정	향상성	• 지속성장성과 창조 및 혁신시스템
경영자원 관리	효율성	• 배분 합리성, 투입대비 산출효과
전략계획 단계	체계성	• 전략실행 모델링과 전략정보 DB관리
전략실행 방법	적정성	• 목표과제 가치와 전략성과 파급효과
거시환경 변화	합리성	• 변화요인 관리와 프로세스 변화·조정
전략통제 조정	현실성	• 전략계획 조정과 불확실성 위기관리
전략성과 관리	확산성	• 사업성장 견인과 사회공유 가치향상

1. 전략실행 역할

　경영전략 실행은 전략목표에 따라 실행방법과 실행시기가 구성된다. 전략과제와 목표성과, 전략실행 방법과 실행시기를 최적화하여 미래 사업성장성 기반의 전략과제와 목표성과 실행체계의 실효성을 향상시킨다. 전략실행 방법은 전사적 경영전략 모델과 사업부문별 목표성과 과제별로 실행방법이 설정된다. 전략실행 시기는 전사적 전략과제와 목표성과의 중·장기 전략 로드맵 체계와 단기 경영계획 일정에 따라 실행된다. 장기 전략에는 사업계열별 전략관점과 방향이 설정되고, 중기 전략에는 사업부문별 목표실행 과제와 방법이 구성되며, 단기 경영계획에는 전략추진 역할과 실행 일정이 구성된다. 전략실행 과정에는 급변하는 사업환경에 대응하는 전략추진 방법과 역할의 통제·조정이 필요하다. 이를 위한 전략실행 과제와 추진역할은 다음과 같다.

첫째, 사업구조 개편 전략

사업구조 개편 전략은 신사업 투자에 의한 사업분야 전환, 연관분야 사업통합에 의한 사업계열화와 사업구조 조정, 유사사업과 연관사업 인수합병에 의한 사업규모 확장을 추구한다. 사업구조 개편역할은 다음과 같다.

① 미래 산업환경 패러다임 예측에 의한 성장 산업분야 탐색과 사업방향 설정
② 기술발전 방향과 제품개발 모델 탐색에 의한 사업구조와 규모 체계화
③ 사업계열 구조와 기업문화 풍토에 의한 전략목표와 실행방법의 계열구분
④ 사업환경 변화와 경쟁기업 등의 영향요인에 의한 전략목표와 성과과제 변화·조정
⑤ 소비시장 영향요인과 소비자 욕구충족 행동패턴별 생산사업 부문과 영업사업 부문의 전략목표 조정
⑥ 경영자원 규모와 사업역량 차원별 전략과제 추진력과 목표 성과달성도 수준 평가관리
⑦ 경영전략 실행 표준시스템 구축과 사업환경 변화관리, 위기

관리 프로세스와 사업안정화 기반을 구축한다.

둘째, 사업성장과 경쟁력 전략

사업성장성과 경쟁력 관리 전략은 신기술과 신제품 개발, 제품특성 전문화와 서비스 차별화, 잠재시장 성장과 소비자 욕구 충족도를 관리하여 미래 사업환경 변화 대응력과 제품인지도를 향상시킨다. 기업과 제품이미지 고도화, 기업의 사회적 책임과 제품신뢰도 향상, 경쟁기업 제품과의 차별적 우위성 관리, 소비계층 세분화와 유통기관 전문화를 통해 시장경쟁력을 향상시킨다. 시장성장성과 경쟁력전략 실행방법은 다음과 같다.

① 사업 성장주기별 글로벌시장 개발과 마케팅촉진 활동 포지션 설정
② 선도기술 개발과 제품특성 다원화로 잠재시장 성장견인과 경쟁시장 점유율 관리 프로세스 구축
③ 소비자 내적동기와 욕구충족 행동분석에 의한 마케팅촉진 역할 다원성 구축
④ 목표시장과 소비계층 세분화로 마케팅촉진 활동과 생산기술 및 제품특성 전문화
⑤ 제품경쟁력 향상을 위한 제품디자인과 제품이미지 고급화, 제품특성과 기능 다원성 추진
⑥ 사업성장성 관리를 위한 저성장 시장 제품특성 단순화와 고성장 시장제품 다양성 관리
⑦ 유통기관 전문화와 서비스 다각화로 잠재시장 성장성을 촉진 시킨다.

셋째, 사업혁신과 전문화 전략

사업혁신과 전문화는 경영자의 리더십 역할에서 파생된다. 경영전략 의사결정자의 매니지먼트 리더십과 전략실행 과제와 전략목표 공유 및 실행지식 함양, 경영자원 충족과 합리적 운영프로세스 구축에 의해 실행력이 향상된다. 사업혁신과 전문화 전략실행 역할은 다음과 같다.

① 미래사업 예측정보 피드백과 전략체계와 실행조직 구조화
② 전사적 의사결정과 사업부문별 커뮤니케이션 네트워크 확립
③ 불확실 사업예측과 문제점 개선, 변화와 혁신관리 체계 구성
④ 경영자원 적정성과 충족도, 사업역량 계열화와 능률화 관리
⑤ 위기과제 통제·조정시스템 구축과 자원투입 가치산출
⑥ 사업 글로벌화와 성과관리 전문성, 전략목표 세분화 관리
⑦ 전략과제와 목표성과 포트폴리오 모델과 사업계열별 성과 관리 프로세스를 구축한다.

경영전략 실행과제에는 미래 사업환경 변화에 대응하기 위한 전략과제와 목표성과의 조정과 최적화된 전략실행 조건을 설정하여 전략목표 추진력과 성과수준을 향상시킨다.

핵심과제 요점정리 & 학습관점 도출

전략실행 목표관리

전략과제	전략실행
사업구조 개편	• 신사업 투자와 사업전환, 사업계열화와 구조조정 • 유사 및 연관사업 인수합병, 사업규모 확장 • 미래 산업성장 패러다임, 기술발전과 제품개발 방향성 • 전략실행 표준 시스템, 경영전략모델 안정성 확보 • 소비자 욕구충족 기반의 제품생산과 유통기관 관리 • 기업계열별 기업문화 관리, 경영자원 차원별 전략관리
사업 성장성	• 신기술과 신제품 개발, 제품전문화와 서비스 차별화 • 잠재시장 성장견인, 소비욕구 충족, 제품이미지 고도화 • 목표시장과 소비계층 세분화, 신기술 연구와 제품개발 • 잠재시장 마케팅전략 포지션과 제품속성 다차원화 • 제품과 서비스 및 유통기관의 수평적 다각화 추진
사업 전문화	• 전략목표 공유성과 실행역량 함양, 경영자원 충족성 • 전사적 의사결정과 리더십 역량, 전력실행 체계화 • 미래 산업 예측정보 피드백과 경영관리체계 모델링 • 경영자원 계열화와 능률화 지수, 투입과 산출가치 관리 • 전략목표 세분화와 영향요인 변화·조정 및 위기관리

2. 전략계획 평가

전략계획 평가는 경영전략 추진역할에 대한 평가이다. 전략과제와 목표선정의 타당성 조건, 전략추진 역할과 경영자원 활용의 적정성 수준, 전략성과 예측의 실효성 수준을 평가한다. 경영전략과 경영목표 관리, 경영계획과 성과실행 역할은 기업의 중요한 경영활동이다. 전략계획과 전략역할, 전략성과와 전략효과, 전략실행 가치를 다음과 같이 평가한다.

첫째, 전략계획과 목표과제 적정성 평가

전략계획과 목표과제 적정성 수준과 타당성을 평가하여 사업부문별 전략목표 균형성을 관리한다. 이를 위해 경영전략 과제와 목표성과 수준의 적정성, 실행방법과 시기의 타당성, 전략실행 역량과 역할의 적정성, 전략과제와 성과내용 활용성과 기대가치 수준을 평가한다.

둘째, 전략과제 실효성 평가

전략과제 실효성 평가는 전략과제 전사적 영향력과 파급효과, 전략과제 성과활용성 수준을 평가한다. 평가결과는 전략과제 연동성과 성과관리 프로세스 구축, 성과내용 활용시스템 설정에 활용한다.

셋째, 전략추진 역할 평가

전략추진 역할 평가는 경영계획과 실행방법, 변화과제와 통제·조정역할을 평가한다. 평가결과는 전략계획 균형성과 전략연계성, 평가과제별 파생효과와 목표성과 수준을 관리한다.

넷째, 전략성과 가치 평가

전략성과 가치 평가는 목표과제 추진과 전략성과 수준, 목표성과의 현재가치와 미래가치, 잠재가치 수준을 평가한다. 평가결과는 전략 로드맵 단계별 중·장기 전략과제, 경영계획 실행시기별 성과가치와 활용방향을 설정한다.

다섯째, 목표달성 수준 평가

목표달성 수준 평가는 투입자원과 산출가치, 정량적 산출량과 정성적 기대가치 수준을 평가한다. 평가결과는 경영계획 성과실행 방법과 실행역할의 전문화 수준을 관리한다. 전략계획 평가과제는 다음과 같다.

① 경영전략과 계획내용의 논리성과 목표성과 일치성
② 전사적 전략과 사업부문 전략목표 연계성과 적정성 차원
③ 경영전략 추진방법과 경영계획 내용의 적합성
④ 전사전략과 사업부문 전략프로세스 효용성과 성과달성도
⑤ 경영계획 실행역할과 경영자원 배분 적정성 수준 평가

전략계획 평가결과를 활용하여 기업의 지속성장성과 미래 사업가치 향상성 예측, 당면 문제점 개선과 혁신관리 프로세스 구축, 전략실행 최적화 모델과 목표성과 달성도를 향상시킨다.

전략계획 평가는 중·장기 전략과 단기 경영계획 과제의 특성과 미래 사업의 기대가치 수준, 목표과제와 성과달성 조건, 전략추진 방법과 성과관리 역할의 달성차원을 평가하여 목표관리 시스템 체계를 구축한다. 전사적 전략추진 역할과 사업부문별 성과관리 역량의 시너지 효과, 전사전략 추진 몰입도와 사업부문 성과관리 협력도 수준을 평가하여 전략계획 추진 프로세스 체계를 확립한다. 전략계획 평가지표와 측정요소는 다음과 같다.

① 전략계획 논리성 평가지표

전략계획 논리성 평가지표의 측정요소는 현재 사업환경 분석과 미래 사업환경 예측차원, 전략계획과 목표 적합성, 전략실행 방법

과 목표과제 달성도, 목표성과 활용성과 가치지향성 등이다.

② 전략목표 적정성 평가지표

전략목표 적정성 평가지표의 측정요소는 사업개발 모델과 사업확장성, 기술개발과 제품개발 목적, 생산원가 수준과 제품생산 수율, 시장개발과 매출액 영향력, 제품경쟁력과 제품품질·서비스만족도, 경영자원 투입과 소비시장 성장견인력 등이다. 소비시장 성장견인력 평가지표는 제품특성과 제품가격, 제품이미지와 브랜드가치, 유통기관과 유통경로, 마케팅촉진 활동 등이 측정요소이다.

③ 전략실행 효용성 평가지표

전략 효용성 평가지표의 측정요소는 전략계획 로드맵 단계별 경영자원 충족성과 사업성장성 잠재력, 시장경쟁력 기여수준과 영업이익률, 제품매출액 변동성 등이다. 경영자원 적정성 평가지표는 사업 종류와 규모, 운영자금과 인적자원, 사업역량 등이 측정요소이다.

④ 전략추진 실효성 평가지표

전략실효성 평가지표의 측정요소는 조직편제와 표준 직무편재 균형성, 직무가치와 핵심역량 분포도, 인력구성과 업무능력 적정성, 목표 추진력과 책임감, 업무동기와 몰입도, 전사전략 추진 리더십과 의사결정능력, 기업문화 가치와 기업이미지 수준 등이다.

⑤ 전략성과 실현성 평가지표

전략성과 실현성 평가지표의 측정요소는 거시적 환경 패러다임과 미시적 영향요인, 기회 및 위기요인 관리, 이해관계자 영향력과 기업의 사회적 책임, 산학연 협력실태 등이다. 거시적 환경요인 평가지표는 산업성장성과 정부정책, 사회문화와 경제규모, 잠재 소비자와 거래고객, 거래선 등이 측정요소이다..

핵심과제 요점정리 & 학습관점 도출

전략계획과 성과평가

평가과제	평가관점
전략계획 내용	• 전략과 목표과제 적정성, 실행방법과 시기 타당성 • 전략역량과 역할 적합성, 성과과제 활용성과 기대가치
전략효과 산출	• 목표과제 작용력과 영향력, 전략계획의 미래지향성 • 전략계획 연동성, 사업성장성과 구조조정 계획 연계성
전략추진 역할	• 전략계획 체계와 시스템, 전략역할과 역량관리 방법 • 전략 프로세스 연계성, 목표성과 추진과 효과수준
목표성과 활용성	• 목표과제 추진력과 전략성과, 현재와 미래 사업성장성 • 사업개발과 경영자원 전문화, 생산과 영업부문 효용성
목표성과 수준	• 투입자원과 산출가치, 정량적 산출량과 질적 가치수준 • 전략계획 성과관리 패턴, 목표추진과 성과관리 역할

전략성과 평가과제와 평가요소

평가과제	평가요소
전략계획 논리성	• 미래 산업환경과 사업모델 예측, 전략계획 목표수준 • 전략 추진력과 성과관리 프로세스, 목표과제 활용가치
전략목표 적정성	• 사업성장 및 확장가치, 기술과 제품 및 시장개발 효과 • 제품생산성과 매출액 영향력, 시장견인력과 영업이익
전략실행 효용성	• 전략계획 로드맵 체계, 전략자원 구성과 충족수준 • 전략계획 변동성과 목표과제 관리프로세스 효율성
전략추진 실효성	• 조직과 인력편제 안정성, 업무역량과 목표관리 실태 • 경영자 리더십, 사업부문 의사결정과 커뮤니티 역량
전략성과 실현성	• 거시환경 피드백, 기회요인 활용과 위기요인 대응전략 • 이해관계자 영향력과 우호관계, 기업의 사회적 존립성

3. 전략성과 평가

전략성과 평가는 경영전략 실행결과에 대한 평가이다. 전략역할의 적정성과 경영자원 투입과 산출효과 평가, 성과산출물의 기대가치와 잠재적 가치, 전략성과의 활용성 수준을 평가한다. 전략성과 평가는 평가관점에 따라 평가과제가 선정되고, 평가과제 지향성에 따라 평가지표가 설정된다. 평가과제는 전략계획의 지향성에 따라 목표과제 명확성과 목표범위 포괄성, 성과수준 다양성과 평가방법 구체성, 성과내용 활용성과 평가대상 과제의 적정성 요건 등으로 구성된다. 평가지표는 평가과제 속성에 따라 정성평가 지표와 정량평가 지표가 구성된다. 정성평가 지표는 전략계획의 논리성과 목표과제 선정 합리성, 전략역할 적정성과 전략실행 방법의 체계성, 전략성과의 실효성과 활용성 등이 평가지표로 구성된다. 정량평가 지표는 계수적 목표치 달성률과 진행률, 투입량과 산출량 등에 대한 평가지표가 구성된다.

첫째. 정성평가 지표

평가지표의 유형은 미래 사업환경 예측력과 경영전략 가치 지향성, 전략계획 타당성과 신사업 모델적정성, 전략실행 파급효과와 경영전략 인프라 생산성, 기술개발 과제와 제품개발 성과, 전략성과의 사업성정장 견인력과 산학연 체계성, 미래 사업가치 지향성 등이 구성된다. 평가지표별 평가내용은 다음과 같다.

① 전략과제와 목표성과 평가내용은 추진방법과 실행역할, 경영자원 운영과 산출효과 등이다.
② 전략 지향성의 평가내용은 신사업 성장모델과 경영전략 동질성, 신기술 가치와 시장가치, 경원자원 등이다.
③ 전략추진 역할의 평가내용은 합리성과 논리성, 혁신성과 효율성, 가치성과 목적성, 적합성과 선진성, 전문성과 체계성 등이다.
④ 신사업 성장모델의 평가내용은 미래성장 사업 견인력과 목표성과 실행력, 기업 지속성장 영향력과 사업 확장성, 사업 경쟁력 향상수준 등이다.
⑤ 경영전략 동질성의 평가내용은 전사적 전략과제와 사업부문 경영계획 연계성, 사업성장성과 신제품 개발 동질성, 생산능

력 계획과 마케팅촉진 계획의 일관성 등이다.
⑥ 신기술 가치의 평가내용은 기술연구와 기술개발 성과의 신사업 개발 활용성, 시장성장 촉진과 시장경쟁 영향력, 제품혁신성과 제품생산성 향상 등이다.
⑦ 시장가치의 평가내용은 마케팅촉진 세분화와 차별화, 유통경로 다양성과 유통기관 전문화, 매출이익과 시장성장성 향상, 제품 선호도와 기업이미지 향상성 등이다.
⑧ 경영자원의 평가내용은 경영자원 적정성과 활용성, 경영자원 안정성과 목표성과 관리 기여도 향상성 등이다.
⑨ 선진성 평가내용은 기술연구와 제품개발 관련 시험·실험장비 적합성, 기술과 제품개발 프로세스 전문성, 기술연구와 신제품 개발 내용 등의 선진화 지향성 등이다.
⑩ 혁신성의 평가내용은 기술연구와 신제품 혁신성, 기술개발 확장성과 사업성장 영향력, 사업 지속성장 추진력과 혁신성향 등이다.
⑪ 전문성의 평가내용은 전략계획과 목표과제, 계획실행과 성과관리 프로세스, 기술개발과 제품개발 역할, 경영자원 수준과 운영방법, 신사업 개발과 사업성장성 관리, 목표시장 개발과 마케팅촉진 역할의 전문성 확립수준 등이다.
⑫ 목적성의 평가내용은 전략계획과 목표성과, 사업개발과 매출액 향상, 제품생산성과 생산원가 관리 목적의 합리화 방향 등이다.
⑬ 체계성의 평가내용은 전사전략과 부문전략 로드맵, 목표과제와 성과관리 프로세스, 사업개발 전략과 사업 지속성장성, 생산기반 구축과 마케팅촉진 역할, 잠재시장 개발과 유통경

로 관리의 체계화 패턴 등이다.

⑭ 합리성의 평가내용은 전략계획과 목표과제 합리성, 목표성과와 경영자원 균형성, 전략실행 로드맵과 성과관리 시너지 효과의 합리적 운영 기반 등이다.

⑮ 적합성의 평가내용은 기술연구과 제품개발 방법, 생산설비와 생산능력, 생산방법과 생산수율, 제품품질과 제품이미지 차별화, 잠재시장 개발과 시장점유율 향상의 적합성과 타당성 조건 등이다.

⑯ 경쟁력의 평가내용은 신기술과 신제품 사양, 제품특성과 품질 수준, 생산원가와 판매가격, 유통기관과 판매방법, 제품이미지와 브랜드 차원의 경쟁력 지향성과 실행력 등이다.

⑰ 정보화의 평가내용은 경영전략 정보네트워크와 사업정보 분석 능력, 정보시스템의 체계성과 전문성, 정보신뢰성과 구조화 패턴 등이다.

정성적 평가지표의 판정기준은 명제적 개념의 일치성과 개념적 차원의 지향성을 평가한다. 정성지표의 측정기준은 객관성과 타당성 충족을 위해 평가개념이 유이한 평가지표 3개를 평가문항 1개의 그룹으로 묶은 후, 평가지표 측정개념의 지향성과 실행력, 기대가치 수준과 파급효과 차원으로 평가한다. 측정척도는 7점 척도법을 적용한다. 7점 척도는 '매우적정 또는 매우긍정 7점, 적정 또는 긍정 6점, 다소적정 또는 다소긍정 5점, 보통 4점, 다소미흡 또는 다소 부정 3점, 미흡 또는 부정 2점, 매우미흡 또는 매우부정 1점'으로 분류된다. 경영전략 추진 역할과 성취도 평가에서는 결과가 적정 또는 긍정 수준인 6점 이하 수준의 평가결과는 1점과

5점이 동일하게 전략실행의 실패를 초래하기 때문에 7점 척도의 평가점수 등간 분포를 다음과 같이 재구성하여 평가한다. 즉, 탁월 6.65점 이상, 우수 6.33-6.65점, 적정 6-6.33점, 보통 5-6점, 미흡 5점 미만으로 구성된다.

평가결과 판정은 평가문항별 3개 지표가 그룹으로 구성된 평가지표의 가치와 파급효과에 대한 의미구분 개념과 실증적 자료의 추진실태와 파급효과 등의 차원으로 평가한다. 평가결과 판정예시는 다음과 같다.

① 탁월 수준은 평가지표의 3개 모두 '탁월'로 평가된 경우
② 우수 수준은 평가지표 3개 중에서 '탁월 1개' '우수2개' 이상 평가되고 탁월에는 미달되는 경우
③ 적정 수준은 평가지표 3개 중에서 '적정 3개' 이상으로 평가되고 우수에는 미달되는 경우
④ 보통 수준은 평가지표 3개 중에서 '보통 3개' 이상으로 평가되고 우수에는 미달되는 경우
⑤ 미흡 수준은 평가지표의 3개 중에서 보통 수준 이하로 평가된 경우이다.

정성지표 평가사례는 다음 표와 같다.

정성평가지표 사례

평가과제		평가요소
측정 항목	신사업 성장	• 기술·제품 전문성과 시장성장 견인기반 확립, 제품선호도와 인지도, 마케팅촉진 반응성이 큼
	전략 동질성	• 전사·사업부문 전략과 성과 균형성, 시너지 효과, 기업·제품 이미지 고도화와 사업성장과 경쟁력
	신기술 가치	• 기술·제품개발 선도력, 생산방법·제품가치 향상, 기술응용과 활용성, 기술·제품개발 확장효과
측정 단위	5개 구간	• 신사업 성장, 전략동질성, 신기술 가치 개별평가 • 탁월 6.65점 이상, 우수 6.33-6.65점, 적정 6-6.33점 보통 5-6점, 미흡 5점 미만
판정 기준	탁월	• 측정항목 3개가 탁월인 경우
	우수	• 측정항목 1개 탁월, 2개 우수인 경우
	적정	• 측정항목 3개 적정 이상이고 우수는 미달된 경우
	보통	• 측정항목 3개 보통 이상이고 적정은 미달된 경우
	미흡	• 측정항목 3개 보통 이하인 경우

둘째, 정량평가 지표

정량 평가지표 유형은 전략계획의 목표수준과 경영자원 충족성, 목표과제 실행률과 목표성과 달성도, 성과과제 산출량과 파급효과, 자원투입과 성과산출량, 성과과제 활용도와 전략과제 진행률과 생산성 향상성 등이 구성된다. 평가지표별 평가내용은 다음과 같다.

① 정량지표 평가내용은 적합성과 효과성, 달성도와 활용성, 생산성과 확보율, 선진성과 충족성 등이다.

② 전략계획 목표과제량과 기술연구 건수, 신제품 개발 종류와 기술개발 건수, 지식재산권 확보율과 제품이미지 향상률, 신사업 확장성과 제품경쟁력 향상 수준, 사업투자 효과와 시장 확장성, 영업이익 달성도와 제품 매출액 증가량 등에 대한 목표계획 대비 달성률과 진행률, 추진율과 산출액으로 평가한다.

정량적 평가지표의 판정기준은 계획 대비 달성률, 진행률과 충족률을 평가한다. 7점 척도 또는 5점 척도로 평가하거나 평가등간을 탁월, 우수, 보통, 미흡 등의 4개 구간으로 구분하여 다음과 같이 판정 한다.

- 탁월 수준은 성과지표 측정비율의 평가결과 달성도가 95% 이상인 수준
- 우수 수준은 성과지표 측정비율의 평가결과 달성도가 90.4% -95% 미만인 수준
- 적정 수준은 성과지표 측정비율의 평가결과 달성도가 85.7% -90.4% 미만인 수준
- 보통 수준은 성과지표 측정비율의 평가결과 달성도가 78.6% -85.7% 미만인 수준
- 미흡 수준은 성과지표 측정비율의 평가결과 달성도가 71.4% -78.6% 미만인 수준

정량평가 결과에 의한 현상의 실태파악을 통해 전략계획의 변화·조정과 목표성과 향상방법을 도출한다. 정량지표 평가지표 사례는 다음 표와 같다.

정량평가지표 사례 1

평가과제		평가요소
측정 항목	전략 수월성	• 전사전략과 사업부문 목표성과 공유와 일관성, 전략 로드맵과 실행방법 연계성, 역할 시너지
	전략 실행력	• 경영자원과 사업역량 충족과 배분의 균형관리, 투입과 산출효과, 가치지향과 달성도 추진
	성과 활용성	• 기술·제품특성 소비욕구 충족, 시장성장 촉진, 마케팅촉진 효과, 매출과 이익달성도 향상률
측정 단위	5개 구간	• 측정항목별 평가요소 추진율과 달성도 평가 • 탁월 95% 이상, 우수 90.4-95%, 적정 85.7-90.4%, 보통 78.6-85.7%, 미흡 71.4-78.6% 범위 적용
판정 기준	탁월	• 측정항목 3개가 탁월인 경우
	우수	• 측정항목 1개 탁월, 2개 우수인 경우
	적정	• 측정항목 3개 적정으로, 우수에는 미달된 경우
	보통	• 측정항목 2개 적정, 1개 다소 적정인 경우
	미흡	• 측정항목 3개 보통 이하인 경우

정량평가지표 사례 2

평가과제		평가요소
평가 산식	기술 제품화	• 제품화 지수 =(최근 3년 평균 기술의 제품화 비율×0.75)+(전년대비 증감률×0.25) - 최근 3년 제품화율)×100 • (3년간 제품화 수÷제품관련 기술연구 건수)×100
평가 기준	5개 구간	• 측정항목별 평가요소 추진율과 달성도 평가 • 탁월 95% 이상, 우수 90.4-95%, 적정 85.7-90.4%, 보통 78.6-85.7%, 미흡 71.4-78.6% 범위 적용
판정 기준	탁월	• 평가결과 달성도 95% 이상
	우수	• 평가결과 달성도 90.4 이상 95% 미만
	적정	• 평가결과 달성도 85.7 이상 90.4% 미만
	보통	• 평가결과 달성도 78.6 이상 85.7% 미만
	미흡	• 평가결과 달성도 71.4 이상 78.6% 미만

핵심과제 요점정리 & 학습관점 도출

평가지표 구성

평가관점		평가지표 지향성
정성 평가지표	지표구성	• 사업환경예측, 가치지향성, 전략타당성 • 전략 파급효과, 전략 인프라, 계획실행 방법
	측정내용	• 전략 합리성, 혁신성, 가치성, 성장견인력 • 전문성, 기술개발 과제, 품질수준, 파급효과
정량 평가지표	지표구성	• 목표수준, 성과 달성도, 목표과제 실행률 • 성과 산출량, 과제 진행률, 성과 활용도
	측정내용	• 생산성, 확보율, 충족도, 기술개발 종류 • 사업 확장성, 영업이익 달성도, 투자효과

평가지표와 평가내용

평가지표	평가요소 지향성
신사업 성장	• 미래 사업성장 견인, 목표성과 실행력, 사업 확장성 • 기업 지속성장성, 사업경쟁력, 기술과 제품 경쟁력
전략 동질성	• 전략내용 연계성, 사업전략 추진력, 성과관리 시너지 • 생산능력과 매출액 균형성, 소비계층과 마케팅 촉진
신기술 가치	• 기술연구 역량, 신기술 활용성, 신제품특성 전문성 • 시장성장성과 경쟁력 촉진, 제품 혁신성과 차별성
시장가치 지향성	• 마케팅촉진 활동, 시장 확장성과 계열화, 기업이미지 • 제품특성과 생산원가 차원, 제품선호도와 만족차원
경영자원 충족도	• 자원 적정성과 충족도, 자원수요와 공급 효용성 • 자원 기여도와 파급효과, 자원운영 시너지와 절감

본문 찾아보기

ㄱ

가치사슬 73
개별계획 145
개인차 속성 115
거시적 경제성장성 106
거시적 환경요인 123, 205, 210, 214
거시적 환경요인 평가지표 233
견제투자 81
경로 의존적 매커니즘 25
경영계획 12, 54, 138, 149
경영계획 검토과제 14, 167, 171
경영계획 성과 150
경영계획 실행력 150, 168
경영계획 실행방법 결합 14. 17, 149
경영계획 체계화 방법 149, 167, 168,
경영계획 혁신관리 평가 196
경영관리 지원 47
경영관리 직렬 207
경영기획 직렬 207
경영능력 45
경영능력 우월성 45
경영능력 평가 195
경영목표 11, 54, 138
경영목표 방침수립 127
경영목표 성과 13, 17, 199
경영목표와 조직역량 120
경영방침 12, 147
경영방침 설정과제 148
경영위기 과제관리 90
경영이념과 기업비전 137
경영자 매니지먼트 64, 195
경영자 자질평가 195
경영자원 22, 48, 129, 163, 203
경영자원 리모델링 81, 134, 16, 20

경영자원 전문화 135, 178, 179, 220
경영자원 질적 수준 177, 179
경영자원 충족수준 177
경영자원 평가 177, 236
경영전략 11, 53, 54, 67, 79, 103, 119, 137, 142, 199
경영전략 가치모델 72, 74
경영전략 계획 59, 90, 200
경영전략 계획연동성 95, 200
경영전략 과제 12, 15, 17, 137, 155
경영전략 논리성 평가 195, 235
경영전략 매커니즘 24, 29, 181
경영전략 미시적 영향요인 203
경영전략 방향 79,124
경영전략 수직 계열화 137, 167
경영전략 수평적 네트워크 137
경영전략 실행 87, 129, 197, 225
경영전략 실행 패러다임 128, 223
경영전략 실행 효율화 127, 223
경영전략 위계 19 , 50, 80, 217
경영전략 추진성과 203
경영전략 틀 11
경영전략 포지션 159
경영전략 환경요인 103, 203, 205
경쟁기업 견제방법 42
경쟁전략 매커니즘 26, 227
경제성장 사이클 106
경제적 가치 지향성 29, 237
고객관리 69, 185
고성장기 시장 82, 111, 213
공방의 원칙 59
관리사업 부문 159
관리사업 부문 실행과제 20, 159

관리직종 직렬분류 144, 207
관성적 매커니즘 26
구조적 가치 72
구조적 영향요인 144, 211
국가 경제정책 탐색 56, 218
규모의 경제성 기반 69
기능별 전략 20, 47, 145
기동경영전략 125
기득권 보호 저항요인 132
기술개발 방향성 31, 33, 216, 217
기술과 제품특성 경쟁력 69
기술연구와 개발 방향 31, 32
기습의 원칙 59, 61
기업 경영능력 평가 195
기업 경영활동 65, 66, 107
기업 인수합병 187
기업 지속성장성 80, 106, 202
기업문화 22, 208, 209, 226
기업비전 19, 53, 54
기업성장 모델 104, 127, 128
기업의 경영자원 44
기업의 사회적 책임 30
기초기술 31, 32, 33, 34, 206

ㄴ

난기류 산업환경 139
내부자원 사업화 30, 44, 115
내용적 매커니즘 24
내적동기 115

ㄷ

다각화 전략 매커니즘 26
단기 경영계획 143, 154, 155, 226
단기계획 55, 91, 152, 154
독과점 시장 40
동태적 관점 88, 182

ㅁ

마케팅 촉진활동 172, 184, 217
마케팅촉진 활동평가 185
매출액과 영업이익 향상 219
목적성 관점 전략 68, 202, 219
목표과제 성과 추진력 140, 203, 204,
목표과제 적정성 평가 196, 219, 230,
목표관리 프로세스 163
목표성과 관리관점 128, 142, 145,
목표의 원칙 59
목표 인재상 190
미래 기업성장 모델 128, 140, 162,
미래 성장성 전략 99, 123, 131, 132
미래 가치 창조성 105, 123, 221
미래 사업성장성 관리 119, 124, 127,
　　　　　　　　　131, 182, 227
미래 사업환경 123, 226
미시적 영향요인 106, 123, 205, 211,
미시적 영향요인 통제 212

ㅂ

본원적 가치 72, 74
부문계획 55, 142, 144
비상경영 체계 90, 135

ㅅ

사업 계열분리 방향 124
사업 문제점 관리 200
사업 지속성 관리 37, 188, 205, 220
사업경쟁력 향상 184, 199
사업계열 구조조정 124, 128, 130
사업구조 전략 131, 132, 143, 212,
사업구조 통폐합 모델 216, 226
사업구조 개편 역할 226
사업기반자원 적정성 120, 134
사업기본전략 81, 143

사업다각화 81, 128, 143
사업모델 계열화 125, 217
사업모델 위기관리 125
사업부문 목표성과 203
사업부문 전략 15, 81, 123, 138, 202
사업부문별 성과과제 11
사업부문별 전략계획 11, 81, 95, 140
사업생태계 예측 215
사업성과 향상 92
사업성숙기 제품 216
사업성장 경쟁전략 80, 125, 215, 216
사업성장 모델 구축 37, 125
사업성장성 관리 119, 200, 201, 216
사업안정성 관리 201
사업운영 가치모델 72
사업운영 계획 92
사업운영 자산평가 188
사업운영 프로세스 212
사업유산 45
사업자금 안정성 92
사업전략 19
사업전술 142
사업조직 계열화 206
사업투자 전략 81, 144
사업혁신 전문화 27, 227
사업효율화 기술 34
사회기능 변화과제 218
산업 매력도 36
산업 생태계 영향요인 215
산업 성숙기 단계 109
산업 태동기 단계 109
산업 포화기 단계 96
산업기술 32, 34
산업성장 패러다임 105
산업자원 106
상용기술 33
생물학적 동질정체성 115

생산 공정능력 평가 183
생산관리 직렬 145, 207
생산규모 경제원칙 평가 182
생산기반 구성요소 평가 181
생산기반 자원 46
생산기술 지향성 205
생산기술 직렬 145
생산기술 평가 182, 183
생산사업 계획 69, 91, 159, 172
생산사업 부문 목표성과 138
생산사업 부문 전략과제 20
생산사업부문 실행과제 21
생산시설 확장성 평가 182
생산원가 가격 경쟁력 69
생산의 영업사업 부문 지원 172
생산자원 전문화 69, 70
선제적 원칙 59, 60
선진성 평가내용 236
성격단위 전략계획 91
성과관리 시스템 127, 220
성숙기 단계의 변곡점 110
성장기 산업환경 139
성장성 정보분석 212
소비계층 세분화 227
소비시장 성장 39, 65
소비시장 성장 견인력 평가지표 232
소비시장 영향요인 226
소비자 본성 115
소비자 욕구충족 35, 65
소비자 지향성 65
소비자 행동 39, 65, 115
소비자계층 세분화 212
소비자행동 매력도 측정과제 39
수직적 시스템 163
수평적 네트워크 163
시간적 매커니즘 25
시계열 예측방법 124

시장경쟁력 37, 38, 70, 78, 83, 91
시장 성장성 견인 91
시장가치 평가내용 236
시장개발 능력평가 186
시장개발 역할 185
시장개발 직렬 145
시장경쟁력 향상 38, 80, 185, 186, 211, 215, 216, 218
시장성장 잠재력 83, 216, 218
시장성장성 70, 113, 211, 227
시장성장성 촉진 83, 112
시장전문화 전략 84
시장통합 전략 38, 83, 181
신기술 가치 평가내용 235, 236
신사업 태동기 216
신제품 개발 33, 172
신제품 이미지 고도화 185
실효성 수준 평가 229

ㅇ

양적자원 평가 179
연관사업 82
영업사업 계획 173
영업사업 부문 69, 91, 160
영업사업부문 실행 과제 20, 21, 172
영업자원 70
영업직종 직렬분류 207
영업활동 지원 46
예산배분 78, 92
외부자원 성장성 관리 30
외적 동기요인 115, 116
외주기업 협력관계 212
욕구충족 행동 39, 227
우월성 관리 68
운영자산 78
유통기관 경쟁력 계획 173, 218, 227
융통성 원칙 59, 61
응용기술 발전 패러다임 31
의도적 시스템 135
인과관계 예측법 25, 124
인력관리 모델평가 191
인력관리 직렬 145
인적자원 69, 190
인적자원 가치수준 190
인적자원 다원성 70, 192, 193, 208
인적자원 평가 190

ㅈ

자금 유동성 평가 188
자원 균형성평가 47, 177, 179
자원의 우월성 47
자재관리 직렬 145
잠재시장 개발전략 82, 83, 173
잠재적 가치 73, 74
장기 전략목표 143, 153
장기계획 55, 90
재무계획 자산 173, 187, 188, 189
재무회계 직렬 145
저성장 사업환경 80, 81, 111, 213
적합성 평가내용 237
전략 로드맵 실효성 12, 219
전략 지향성 평가내용 235
전략계획 55, 92
전략계획 논리성 평가 232
전략계획 실행효과 90, 95, 97, 99
전략계획 평가 229, 231
전략과제 실행력 145, 155
전략과제 실효성 평가 93, 230
전략과제와 목표성과 평가 232, 235
전략목표 계획 39, 91, 162
전략성과 가치 평가 230, 233, 234
전략실행 과정 87, 223, 225, 226
전략실행 효용성 평가지표 232
전략추진 역할 평가내용 235

전략추진실효성 평가지표 232
전문성 평가내용 236
전문화 관리 69, 135
전사적 경영전략 15, 140, 141, 202
전사적 목표과제 추진력 161, 162
전사적 의사결정 프로세스 199
전사적 전략과제 11, 134, 138, 203
전사적 총괄계획 95, 142
전술계획 55, 92
정량적 평가지표 판정기준 240
정량지표 평가내용 235, 239
정보화 평가내용 237
정부정책 지향성 107
정성적 예측 123
정성평가 지표 235, 237
정태적 가치평가 181
정태적 관점 87, 88
제품 고도화 기술 35
제품 차별화 관리 185, 186
제품 포화기 단계 112
제품개발 기술 35, 226
제품개발 모델 탐색 226
제품다양성 전략 82
제품생산성 계획 172
제품성장 잠재력 184
제품성장주기 예측 111, 112, 113,
제품원가 절감 83
제품이미지 경쟁력 계획 173, 227
제품특성 다원화 173, 182, 227
제품판매 촉진계획 173
조직관성 저항요인 131, 132
조직구성 기반평가 190
조직원 지향성 65
조직의 계열화 46, 144, 190, 207, 208
조직적 측면의 경영전략 149
종합계획 55
중기계획 55, 90, 153, 154

중기전략 143, 152, 153
중장기 전략과제 98, 127, 152, 218
지각내용 116
지속가능 성장성 관리 92
지식자산 가치평가 181
지향성 관점 전략 68
직렬조직 계열화 144, 206
직무역량 차원 50
질적 수준 전략계획 92, 179
질적 수준 평가결과 179
집중화 원칙 59, 60

ㅌ

톱다운 의사결정 141
투자수익률 분석 78
투자효율성 78
특수계획 93
팀단위 조직계열화 207

ㅍ

판매관리 184, 185
평가결과 판정 238
평가과제 135, 234, 235
포괄적 성과 전략 98
포트폴리오 전략모델 76
포화기 제품 시장성장성 관리 110
표준 직무가치 50
표준기술 33, 34

ㅎ

합리성 평가내용 237
핵심기술 개발사양 33
핵심역량 가치 50
혁신성 평가내용 236
혁신성과 창의적 전략 99
환경예측 체크포인트 124

표 찾아보기

ㄱ

개별계획 146
거시적 환경요인 161, 209
계획범위 57
경로 의존적 매커니즘 27
경영계획 15, 56
경영계획 구성관점 150
경영계획 수립 방향성 174
경영계획 실행과제 152
경영계획 실행방법 170
경영계획 유형 57
경영계획 체계화 170
경영관리 자원 49
경영능력 자원 49
경영목표 15, 56
경영목표 과제 18
경영목표 과제탐색 170
경영목표 관리 122
경영목표와 방침수립 129
경영방침 15
경영방침 지향과제 151
경영성과 과제 18
경영이념 56
경영자 목적 67
경영자원 23
경영자원 가치 75
경영자원 개발 164
경영자원 관리 175, 214
경영자원 균형성 180
경영자원 배분 130
경영자원 양적차원 180
경영자원 유형 180
경영자원 적정성 관리 136
경영자원 질적수준 180
경영자원 충족도 평가지표 243

경영자원 평가 130
경영자원 평가내용 180
경영자원 활용시기 180
경영전략 프로세스 18
경영전략 15, 56
경영전략 가치 75
경영전략 가치모델 75
경영전략 결정 원칙 63
경영전략 결정요소 31
경영전략 계획과제 201
경영전략 과제 18, 130
경영전략 구성 164
경영전략 구싱과제 71
경영전략 구성관점 89
경영전략 구조 139
경영전략 기간별 추진역할 157
경영전략 모델링 130
경영전략 실행관리 225
경영전략 실행력 197
경영전략 영향요인 23
경영전략 위계 23
경영전략 이해관계자 지향성 67
경영전략 지원 역할 130
경영전략 체계 56, 221
경영전략 추진과제 85
경영전략 평가과제 180
경영전략 포지션 86, 161
경영전략 환경 영향요인 104, 209
경영전략가치 영향요인 74
경영전략의 틀 15
경쟁기업 대응전략 44
경쟁기업 분석과제 43
경쟁기업 집단 43
경쟁력 관리 71

경쟁전략 매커니즘 27
경제성장 사이클 108
경제적 가치성 31
계층별 의사결정 과제 141
계획구성 수준 150
계획기간 57
계획내용 57
계획내용 명확성 150
계획내용 실행력 150
계획운영 프로세스 150
계획지역 57
공방의 원칙 63
과제 명료화 222
관리계획 전사연동 174
관리사업 계획 171
관리사업 기본계획 174
관성적 매커니즘 27
국가경제 정책검토 222
글로벌 전략 146
기간단위 전략 93, 94
기능계획 146
기능적 자원 49
기능적 전략 18
기능전략 23
기득권 보호저항 133
기술 및 제품개발 183
기술 활용패턴 36
기술개발 방향성 222
기술과 소비심리 126
기술과 제품 개발 175
기술발전 패러다임 222
기술적 요인 210
기술주기와 기술속성 35
기습의 원칙 63
기업 경영자원 49
기업문화 23
기업문화 정착 210

기업비전 56
기업성장 관리 197
기업의 사회책임 31
기업전략 23
기업환경 예측 164
기장개발 자원 187
기초기술 35

ㄴ

내부자원 사업화 31
내용적 매커니즘 27
내제적 자원 49
노동시장 환경 108

ㄷ

다각화 전략 매커니즘 27
단기 실행계획 157
단기계획 156
대체재 환경 41
도입기 제품 114
독과점 시장 41
동기유발 행동 117
동태적 관점 89
동태적 자원 183

ㅁ

마케팅 자원 187
마케팅촉진 계획 176
마케팅촉진 역할 187
매니저 의사결정 141
목표 연계성 204
목표과제 구성요건 204
목표과제 명료화 221
목표과제 비즈니스맵 166
목표과제 실행력 151
목표관리 시스템 130

목표성과 수준 233
목표성과 활용성 233
목표의 원칙 63
문제사업 개선 133
문제점 개선 201
미래 성장성 104
미래 지향성 204
미래 환경 체크포인트 126
미래 환경예측 122, 130
미래 환경예측 방법 126
미래 기술 지향성 108
미래 사업개발 133
미래 사업모델링 126
미래 사업 생태계 222
미래 산업환경 예측 221
미래 성장성전략 100
미래 환경예측 222
미시적 경영여건 161
미시적 환경 209

ㅂ

방법적 전략 18
방침 구체화 151
본원적 가치 74
부문계획 146, 174

ㅅ

사업 매력도 관리 41
사업 성장성 201, 229
사업 안정화 201
사업 전문화 229
사업 지속성장성 과제 222
사업 책임자 139
사업 경쟁력 평가 187
사업관리 로드맵 129
사업관리 리더자 139

사업관리 부문장 139
사업관리 투입요소 222
사업구조 개편 175, 229
사업구조 부조화 현상관리 133
사업구조 분석 130
사업구조 전환전략 133
사업구조 체계화 129
사업규모 관리 122
사업기반 기술 36
사업기반 자원 49
사업기반 확립 197
사업다각화 85
사업모델 계열화 222
사업모델과 자원관리 129
사업모델 관리 214
사업부문 경영계획 과제 171
사업부문 구조화 170
사업부문 네트워크 170
사업분야 관리 122
사업성과 관리 214
사업성과 지원 214
사업성장 기반 43
사업성장 환경 41
사업성장성 관리 221
사업심화 85
사업업종 23
사업운영 209
사업운영 관리 214
사업운영 생산성 175
사업운영 자산 189
사업유산 자원 49
사업전략 23, 85
사업정보 분석 44
사업투자 85
사업프로세스 관리 152
사업협력관리 44
사업화 전략 매커니즘 27

사업효율 기술 36
사회기능 변화탐색 222
산업환경 예측 104
산업기술 지향성 36
산업성장 사이클 222
산업성장 패러다임 126
산업성장주기 전략과제 114
산업자원 사업모델 126
산업자원 영향력 108
산업환경 영향요인 108
산업환경 패러다임 126
상용기술 35
생산 성과관리 175
생산기반 자원 49
생산부문 사업화 계획 175
생산사업 계획 171
생산사업 영업 연동 174
생산사업기본 계획 174
생산전략 85
생산프로세스 175
선제적 원칙 63
성격단위 전략 93, 94
성과 실현성 204
성과 지향성 151
성과수준 산출가치 222
성과적 전략 18
성숙기 산업 114
성숙기 제품 114
성장 및 제약요인 정보관리 214
성장기 산업 114
성장기 제품 114
성장잠재력 평가 183
성장전략 86
소비자 반응행동 영향요인 117
소비자 욕구 67
소비자 행동 41
시간적 매커니즘 27

시너지 효과 151
시장경쟁력 79
시장 전문화 85
시장 지배력 85
시장가치 지향성 평가지표 243
시장개발 계획 176
시장개발 역할 187
시장견제 관리 44
시장경쟁 환경 41
시장통합 85
신기술 가치 평가지표 243
신사업 모델개발 계획 175
신사업 성장 평가지표 243
신제품 개발계획 175
실행방법 166
실행성과 166

업무관성 타파 151
업무효율관리 152
역량기반 조성 151
연계성과 프로세스 222
영업부문 사업화 계획 176
영업사업 계획 171
영업사업 기본계획 174
영업사업 생산연동 174
영업전략 85
영업지원 계획 175
영업활동 자원 49
외부자원 성장성 31
욕구충족 행동 117
우월성 관리 71
위기관리 86
유통기관 계획 176
융통성 원칙 63
의도적 경영자원 136
의사결정 행동 117

의사결정자 능력평가 197
인과적 매커니즘 27
인력 자원화 210
인력관리 모델 194
인력관리 모델 평가 194
인력운영과 육성기반 194
인적자원 운영체계 평가 194
인적자원 육성 194
인적자원 육성평가 194

ㅈ

자금유동 자산 189
자원 유용성 49
자원 희소성 49
잠재시장 개발 85
잠재적 가치 74
장기 경영전략 157
장기전략 156
장중단기 전략 146
재무계획 자산 189
재무분야 기본계획 174
재무자산 가치평가 189
재무자산 관리 122
재문분야 사업 연동 174
전략 로드맵 15
전략 전술 146
전략 체계화 222
전략 환경기반 구축 210
전략결합 목적 18
전략계획 내용 233
전략계획 논리성 234
전략계획 단위 93
전략계획 성과평가 233
전략계획 연동 96, 100
전략계획 유의성 100
전략계획 지향성 94
전략과제 166

전략과제 결합 18
전략관리 연동 96
전략구조 166
전략기반 166
전략단계 로드맵 222
전략동질성 평가지표 243
전략목표 적정성 234
전략분야 연동 96
전략성과 실현성 234
전략성과 평가과제와 평가요소 234
전략실행 매커니즘 27
전략실행 목표관리 229
전략실행 효용성 234
전략추진 실효성 234
전략추진 역할 233
전략효과 산출 233
전문화 경영자원 136
전문화 관리 71
전사 합의성 204
전사계획 174
전사계획 모델링 170
전사적 경영자원 136
전사적 목표관리 164
전사전략 146
전사전략과 부문계획 146
정량 평가지표 242
정보관리 126
정부정책 지향성 108
정성 평가지표 242
정태적 관점 89
정태적 자원 183
제품 성장주기별 전략과제 114
제품고도 기술 36
제품과 시장관리 122
제품다양성 85
조직 실천의지 151
조직계획 146

조직관성 저항 133
조직구성 기반 194
조직구성 기반평가 194
조직능력 자원 49
조직원 지향성 67
조직화 모델 210
주주 영향력 67
중기 경영계획 157
중기전략 156
중장기 경영전략 과제 122
중장기 경영전략 목표관리 129
중장기 전략 일관성 100
중장기 전략과 단기계획 과제 156
중장기 전략방향 222
지속 가능성 104
지역사회 공존성 67
직무가치 차원 52
직무능력 차원 52
질적 수준 전략 93
집중화 원칙 63

ㅊ

차별화 관리 71
체계화 과제 170
체계화 방법 170
체계화 지향성 170
최고 경영자 139
추진과제 성과 단위 222

ㅌ

탑 의사결정 141
태동기 산업 114
투자 수익율 79

ㅍ

평가지표 구성 242

평가지표와 평가내용 243
포괄적 성과전략 100
포트폴리오 분석과제 79
포화기 산업 114
포화기 제품 114
표준기술 35

ㅎ

핵심기술 35
핵심역량 가치 52
핵심역량 레벨 52
핵심역량 모델구성 52
핵심역량 분류과제 52
혁신성 창의전략 100
현 사업 변화조정 133
형태적 전략 18

저자 편 창 규

◘ 학력

광운대학교 대학원 경영학 박사(1999)
동아대학교 경영대학원 경영학 석사(1989)
한국방송통신대학 경영학(1985)
부산공업대학 금속공학(현부경대, 1982)
영산농업고등학교 임업과(1974)

◘ 경력

효산교육원 원장(2023 현재- 2009)
효산경영연구소(주) 책임연구원(2023 현재- 1993)
한국생산성본부 외래교수(2005 - 1999)
경복대학교 경영과 겸임교수(2002. 2 - 1994. 3)
ACC컨설팅 경영진단팀 팀장(1992 - 1991)
동양금속공업(주) 기획조정실 실장(1991 - 1988)
신화공업(주)생산기술부(1988 - 1984)
포스코 제강부(1983 - 1982)

◘ 저서

실무능력개발 매뉴얼 셋트(효산경영연구소, 2018)
  • 경영기획, 경영관리, 인사관리, 영업관리, 마케팅전략, 회계관리, 재무관리
    총무관리, 고객관리, 구매관리, 생산관리, 생산기술, 품질관리
취업&직무능력개발 어떻게 할 것인가 셋트(효산경영연구소, 2016)
  • 경영관리, 경영지원, 영업관리, 금융지원, 은행&증권, 보험, 생산기술
기업직무 파헤치기(효산경영연구소, 2013)
The Job 오케스트라(효산경영연구소, 2012)
소비자 인지행동(효산경영연구소, 2009)
소비자행동 동기이론(효산경영연구소, 2004)
직무분석연구&신인사제도 설계(효산경영연구소, 1997)
직무분석 어떻게 할 것인가?(효산경영연구소, 1993)
기업과 나 그리고 기업문화(도서출판 옴마니, 1992)

◘ 중장기 경영전략 연구실적

비전, 경영전략체계, 조직 및 인사선진화 연구(울산항만공사, 2011)
중장기 경영전략 Rolling(한국전력기술㈜, 2010)
광명비전 2025 장기발전계획수립 연구(경기도광명시, 2007)
중장기 발전방안 연구(한국수자원공사수자원연구원, 2007)

장수마을관리원에 대한 발전방안 연구(대전광역시중구청, 2006)
위탁 창구망 중장기 육성방안 연구(우정사업본부, 2006)
전력연구원 비전성과지표개발 및 시범평가(한국전력공사전력연구원, 2005)
직무분석 및 중장기 경영계획 수립 연구(공무원연금공단, 2003)

◘ 경영평가, 조직설계, 직무분석, 인사제도 연구실적
임금체계 적절성 및 개편방향 연구(연수구시설안전관리공단, 2022)
임금피크제직원 효율적 운영을 위한 발전방향 컨설팅(한국남부발전㈜, 2017)
전기전자공학부 교과과정 개선 직무분석 연구(순천대학교, 2016)
국방성과관리 연구(국군재정관리단, 2013)
2012년 울산항만공사 경영실적 평가(울산항만공사, 2013)
2011년 울산항만공사 경영실적 평가(울산항만공사, 2012)
Kwater 총보상체계 합리화 방안연구(한국수자원공사, 2011)
신인사제도 컨설팅(한국승강기안전기술원, 2011)
회사 적정조직 및 적정인력 규모산정 연구(금호생명, 2009)
총액인건비제 노입을 위한 조직진단 및 연구(대전광역시동구청, 2007)
총액인건비제 시행을 위한 조직진단(대전광역시중구청, 2007)
전직원 적성검사(충남천안시, 2007)
경력개발제도 연구(금호생명, 2006)
조직몰입도 수준조사 및 향상프로그램 개발 연구(우정사업본부, 2006)
조직진단 연구(태백관광개발공사, 2006)
성과중심의 연봉제 도입(한국컨테이너부두공단, 2006)
직무분석 및 제도개선 연구(부산항만공사, 2005)
팀KPI 운영메뉴얼 및 운영방안개발 연구(부산항만공사, 2005)
우정사업 중장기 인재육성방안 연구(우정사업본부, 2005)
조직관리 기본지표 개발을 위한 직무분석(인천국제공항공사, 2005)
직무분석을 통한 조직재설계 방안연구(한국환경자원공사, 2005)
성과평가제도 설계를 위한 직무분석(㈜도루코, 2003)
직무분석 연구(한국산업인력공단, 2003)
목표관리과제(MBO)설계를 위한 직무분석 연구(㈜삼홍사, 2002)
제주경마공원 관리사 직무분석(한국마사회, 2002)
인적자원관리 인프라구축 연구(국민연금공단, 2001)
공단 업무재설계(BPR)자문(서울특별시시설관리공단, 2001)
연봉임금제 도입관련 평가시스템개발 연구(국민건강보험일산병원, 2000)
조직 및 정원산정을 위한 직무분석(㈜도루코, 2000)
2000년 직무분석, 사업심사분석(한국가스안전공사, 2000)
업무혁신 및 조직재설계를 위한 직무분석(한국유리공업㈜, 2000)

직무역량평가체계 개발 및 활용에 관한 연구(한국도로공사, 1999)
신조직 및 인사제도 설계를 위한 직무분석(동부화재해상보험, 1997)
직능평가제도 설계를 위한 직무분석(동아시테크, 1996)
직무체계 확립과 과업표준화를 위한 직무분석(동양폴리에스터㈜, 1996)
직능평가제도 및 연봉제도 설계를 위한 직무분석(미도파푸트시스템, 1996)
능력급 인사제도를 위한 직능자격제도 및 직무값 설계(효성생활산업, 1996)
신조직 설계와 정원산정, 신인사제도 연구(한국프랜지공업, 1995)
정원산정을 위한 직무분석(쌍용자동차, 1994)
조직직능 개발과 기능 활성화를 위한 직무분석(TRW스티어링, 1993)
신조직 설계를 위한 직무분석(기아정기, 1993)
KBS의 합리적 인원관리를 위한 직무분석(한국방송공사, 1992)

◙ 기타 학술연구실적

국내외 태양광 발전시스템 표준화 기술기준 연구(한국생활환경연구원, 2022)
아동복지시설 및 한부모가족복지시설 교대근무제 현황 연구(서울특별시, 2021)
창원시 사회복지시설 종사자 실태조사 및 처우개선 방안 연구(창원시, 2019)
광산업 통계 다양성을 위한 방법 및 분석 연구(한국광산업진흥회, 2018)
DMC 교통접근성 개선을 위한 교통실태 분석(서울산업진흥원, 2017)
홍보매체 효과성 분석 및 맞춤형 홍보(경기도 고양시, 2016)
창구소포 활성화 추진방안 마련 연구(우정사업본부, 2016)
저작권정보관리 및 서비스사업 평가(한국저작권위원회, 2016)
2016년 저작권비즈니스 활성화 지원사업 평가(한국저작권위원회, 2016)
저작권비즈니스 활성화 지원사업 평가(한국저작권위원회, 2015)
저작권기술 및 표준화사업 모니터링 성과평가(한국저작권위원회, 2015)
국가디지털콘텐츠 식별체계 사업평가(한국저작권위원회, 2015)
사회공헌프로그램 성과측정 연구(인천국제공항공사, 2014)
항공기상청 '13~15년 사업운영계획수립 연구(한국기상산업진흥원, 2013)
2010/2011년 정보화정책 연구성과 분석(한국정보화진흥원, 2011)
제2기 지역사회복지계획 수립을 위한 학술 연구(경기도이천시, 2010)
대중교통 기본계획수립 및 교통약자 이동편의증진 연구(충남 계룡시, 2008)
여주군 지역사회복지욕구 및 자원조사 연구(경기도 여주군, 2006)
정보통신수련원 효율적인 관리 및 운영혁신 방안연구(우정복지협력회, 2006)
화순군 지역사회복지계획수립 연구(전라남도 화순군, 2006)
시험 면제기준 축소 방안연구(한국산업인력공단, 2003)
기업성장 전략개발을 위한 경영분석(서광전기㈜, 1992)
광주광역시 서구사업지 신사업투자 개발연구(광주광역시, 1992)

▶ 온라인교육 프로그램 개발·강의 ◀

◉ 직무심화교육(14강좌)
경영전략 혁신관리, 직무분석&조직설계·인력산정, 개인별 경력개발&역량관리, 혁신과제 창조경영, 업무동기와 조직몰입도 개발, 마케팅 전략관리와 역량강화, 마케팅 촉진전략 실행, 마케팅 촉진관리 노트, 마케팅 역량관리 노트, 소비심리 탐색과 마케팅 프로세스, 소비자행동&시장개발, 소비자행동 패러다임, 소비자행동 활성화 프로모션, 생산원가 목표관리

◉ 경영관리 분야(18강좌)
미래경영환경 관리, 매니지먼트 리더십, 경영전략 프로세스, 경영목표 관리, 문제의 창조·혁신관리, 자기역량 경력관리, 자기 학습 역량관리, 조직과 적정정원 관리, 조직업무행동 개발, 업무동기 개발, 창의적 기업문화 관리, 목표원가 관리방법, 업무 규정관리, 구매계획 관리, 외주업체 협력관리, 마케팅 전략기획, 판매촉진 방법관리, 마케팅 촉진전략 포인트

◉ 마케팅관리 분야(16강좌)
마케팅 촉진 환경관리, 뉴 트랜드 마케팅 전략, 촉진전략 과제관리, 신시장 개발 프로세스, 제품 이미지 전략, 목표시장 개발, 목표시장 성장성 관리, 성장시장 발굴과 유통관리, 시장 성장성 관리, 고객 서비스 관리, 영업실무 역량개발, 기업홍보 및 제품광고, 제품 선호도 관리, 소비자 본능동기 행동, 소비자행동 심리작용, 소비자행동 패러다임,

◉ 생산관리 분야(14강좌)
신제품 개발 계획, 신제품 사양설계, 신제품 품질 규정관리, 생산목표 관리, 제품 생산성 관리, 생산정보 관리, 생산공정 효율화, 생산관리 시스템 최적화, 생산공정 품질관리, 생산가치 분석, 생산원가 산정, 생산 원가관리 프로세스, 생산공정 혁신과제 관리, 생산원가 통제조정

◉ 직무기초교육(14강좌)
경영기획, 경영관리, 인사관리, 인력개발(교육), 재무관리, 회계관리(경리), 총무관리, 구매관리, 마케팅전략, 영업관리, 고객관리, 기술개발, 생산관리, 품질관리

경영전략 개념과 실행방법

초　　판 : 2023년 05월 05일
지 은 이 : 편 창 규
펴 낸 이 : 김 정 희
발 행 처 : 효산경영연구소(주) 효산교육원
출판등록 : 1992. 6.16 제2-1392
주　　소 : 서울특별시 영등포구 63로 36, 5층(여의도동 리버타워)
전　　화 : 02) 561-0310, 564-9970, 9971
팩　　스 : 02) 561-9975
홈페이지 : www.hsojt.co.kr(교육), www.hyosan.re.kr(연구소)
저자상담 : ck55p@hyosan.re.kr
표지작업 : 표지닷컴, 송지민

본서는 저작권으로 보호되고 있으므로 무단 복제, 인용 행위를 금지하며, 파본은 교환하여 드립니다.

ISBN 978-89-87367-32-3
정가 19,000원